清华时间简史

图书馆

清华时间简史图书馆编委会
编著

清华大学出版社
北京

本书封面贴有清华大学出版社防伪标签，无标签者不得销售。
版权所有，侵权必究。举报：010-62782989，beiqingquan@tup.tsinghua.edu.cn。

图书在版编目（CIP）数据

清华时间简史.图书馆/清华时间简史图书馆编委会编著.—北京：清华大学出版社，2021.4（2022.3重印）
ISBN 978-7-302-57777-5

Ⅰ.①清… Ⅱ.①清… Ⅲ.①清华大学-院校图书馆-校史 Ⅳ.①G649.281

中国版本图书馆CIP数据核字（2021）第057080号

责任编辑：周　菁
封面设计：曲晓华
责任校对：王凤芝
责任印制：杨　艳

出版发行：清华大学出版社
　　　　网　　址：http://www.tup.com.cn, http://www.wqbook.com
　　　　地　　址：北京清华大学学研大厦A座　邮　编：100084
　　　　社 总 机：010-83470000　邮　购：010-62786544
　　　　投稿与读者服务：010-62776969, c-service@tup.tsinghua.edu.cn
　　　　质量反馈：010-62772015, zhiliang@tup.tsinghua.edu.cn
印 装 者：小森印刷（北京）有限公司
经　　销：全国新华书店
开　　本：155mm×230mm　　印　张：15　　字　数：255千字
版　　次：2021年4月第1版　　　　　　　印　次：2022年3月第2次印刷
定　　价：98.00元

产品编号：091821-01

清华大学校史编辑委员会

主　　任：向波涛
副 主 任：方惠坚　贺美英　张再兴　庄丽君　胡显章　叶宏开
　　　　　孙道祥　胡东成　韩景阳　史宗恺　范宝龙　覃　川
委　　员（按姓氏笔画排序）：
　　　　　马　赛　马栩泉　王　岩　王有强　王孙禺　王赞基
　　　　　方惠坚　邓景康　叶宏开　叶富贵　田　芊　史宗恺
　　　　　白本锋　白永毅　丛振涛　朱育和　向波涛　庄丽君
　　　　　刘秀成　刘桂生　许庆红　孙海涛　孙道祥　杜鹏飞
　　　　　李　越　邴　浩　邱显清　张　佐　张再兴　陈　刚
　　　　　陈克金　范宝龙　欧阳军喜　金富军　宗俊峰　赵　伟
　　　　　赵　岑　赵庆刚　胡东成　胡显章　贺美英　袁　桅
　　　　　顾良飞　钱锡康　徐振明　唐　杰　韩景阳　覃　川
　　　　　裴兆宏

本书编委会

主　　编：高　瑄　赵　熊　蒋耘中
委　　员：何　玉　孟新民　胡　冉　袁　欣　张宪云　于玲鸟
　　　　　冯立昇　郑小惠　王　云　范爱红　陈　虹　武丽娜
　　　　　韦庆媛　杨　杰　庄　玫　魏成光

"清华时间简史"丛书
总　序

清华大学走过了110年的沧桑历程。从一所留美预备学校,到独立培养人才的国立高等学府;从抗战烽火中的西南联大,到新中国成立回到人民的怀抱;从院系调整后的多科性工业大学,到改革开放后逐步发展成综合性、研究型、开放式的世界一流大学,清华见证了中国高等教育的发展壮大,也成为世界高等教育发展的重要组成部分。

在一所大学的历史中,学科与院系的建立、变迁与发展是十分重要的方面。1911年清华学堂建立,1912年更名为清华学校;1925年设立大学部,1926年设立了首批17个学系;1928年更名为国立清华大学,此后相继设立文、理、法、工4个学院,下设16个学系;1937年南迁长沙,与北京大学、南开大学合组长沙临时大学,1938年西迁昆明,成立国立西南联合大学,联大共设有5个学院26个学系;1946年复员后,清华大学设有文、理、法、工、农5个学院26个学系,1948年底清华园解放;20世纪50年代的高校院系调整后,清华大学成为多科性工业大学,设有8个系,至"文革"前发展成12个系;改革开放以来,大力加强学科建设,恢复和新设了许多院系,目前共有按学科设置的21个二级学院,近60个系,以及承担人才培养和学术研究任务的若干研究院、中心等,覆盖理学、工学、文学、艺术学、历史学、哲学、经济学、管理学、法学、教育学和医学等11大学科门类。

清华大学始终非常重视校史研究和编纂,早在1959年就成立了校史编辑委员会,下设校史编写组,现已发展成校史研究室、党史研究室、校史馆"三位一体"从事校史研究和教育的专门机构。几十年来,先后编纂出版了《清华大学校史稿》《清华大学史料选编》《清华人物志》《清华大学志》《清华大学图史》《清华大学一百年》等一系列学校层面的校史系列图书。同时,许多院系和部门也结合院系庆等契机,组织编写了纪念文集、校友访谈录、大事记、人物名录及宣传画册等图书资料,多形式、多侧面、多角度地反映了自身历史的发展。但长期以来,全面系统的院系史研究、编写和出版,还是校史研究编纂工作中的空白。

2015年前后,校史编委会委员、教育研究所原所长王孙禺教授和校史研究室研究人员李珍博士,与相关院系合作,对电机系、人文社会科学学院、教育研究院等院系的历史进行了深入研究,相继编写出版了《清华时间简史:电机工程系》《清华时间简史:人文社会科学学院》《清华时间简史:教育研究院》等图书。这是推进院系史研究的一种有效形式,也是深化校史研究的一个重要途径。经过认真调研和周密筹划,我们提出在全校启动实施"学科院系部门发展史编纂工程"。

这一工程得到学校的充分肯定和大力支持。由校史研究室组织协调,实施"学科院系部门发展史编纂工程",编写出版"清华时间简史"系列丛书,与档案馆牵头、校史馆参与的"清华史料和名人档案征集工程",一同被写入清华大学党委颁布的《关于进一步加强和改进新形势下宣传思想工作的实施意见》和《清华大学文化建设"十三五"规划》,2018年还被列为清华大学工作要点的重点工作之一。从2017年起,学校每年拨付专门经费进行资助。校长邱勇、校党委书记陈旭和先后担任校党委副书记分管校史工作的邓卫、向波涛等领导,对这一工作给予了亲切关心和具体指导。

这一工程更是得到各院系、各部门的热烈响应和踊跃参与。2017年工程正式启动,就有40多个院系等单位首批申报。经研究决定,采取"同步启动、滚动支持、校系结合、协力推进"的方式逐步实施。校史编委会多次召开专家会议,对各院系的编纂工作进展情况和经费预算进行评审,校史研究室通过年度检查和专家讲座等加强组织协调和学术指导。许多院系党委书记、院长主任等亲自负责,很多老领导、老同志热情参与,各院系单位都明确了主笔和联络人、成立了编写工作组等,落实编纂任务。档案馆在档案史料查阅等方面提供了积极帮助,出版社对本丛书的编辑出版给予了全力支持。

在大家的共同努力下,"学科院系部门发展史编纂工程"取得初步成效。按计划,首批"清华时间简史"系列丛书于110周年校庆之际出版发行。丛书在翔实、系统地搜集和梳理历史资料的基础上,全面、生动地回顾和总结各院系、学科、部门的发展历程,全方位、多样化地展示了清华的育人成果和办学经验,不仅有助于了解各院系的历史传承,结合各学科专业特点开展优良传统教育,促进各学科院系的长远发展,而且对更好地编纂"清华大学史"有重要帮助,也可为教育工作者和历史工作者研究高等教育史、学科发展史等,提供鲜活、细化的资料。

习近平总书记指出:"重视历史、研究历史、借鉴历史,可以给人类带来很多了解昨天、把握今天、开创明天的智慧。"学科院系部门发展史的研究与编纂是一项浩大的学术工程,意义重大、任务艰巨,需要持之以恒、不懈努力。我们要进一步加强组织协调、抓紧落实推进,确保"清华时间简史"丛书分批次、高质量地出版,力争"学科院系部门发展史编纂工程"不断取得新的成果,为清华新百年的发展积累宝贵的历史资源、提供有益的历史借鉴,为建设世界一流大学作出独特的贡献。

范宝龙

2021年4月

(作者系清华大学校史研究室主任、研究员)

序*

陈吉宁**

在清华大学开启新百年征程的时候，我们又迎来了学校图书馆建馆100周年。作为图书馆一个世纪风雨历程的忠实记录，这本《百年清华图书馆》不仅从侧面展现了清华大学追求学术独立与进步的历史脉络，而且反映了几代清华学人的学术精神和人格风范。

有人把图书馆比作知识的"宝库"或"喷泉"，更有人认为它是"大学的心脏"，说的都是图书馆在现代大学中的重要地位和作用。牛津、剑桥、哈佛、麻省理工，这些历史悠久的大学，都以拥有馆藏珍贵独特、数量巨大的图书馆为傲。之所以如此，是因为图书馆不仅是师生获取知识的主要源泉，而且以其独特的建筑空间、良好的学习环境以及厚重的文化积淀，潜移默化地感染和熏陶着师生群体，培育和升华着人们的内在气质。时至今日，国内外有影响的大学，无不将图书资源和图书馆建设作为一项重要工作。

100年前，清华学堂成立不久，就有了自己的藏书和自己的图书馆。从最初的3间平房、2000多册藏书的小图书室，现已发展成为有三期建筑和7个分馆，总建筑面积6万多平方米，总藏书量420万册（件）以及拥有大量数字资源的现代大学图书馆系统。100年来，一代又一代清华师生在图书馆潜心读书、埋头学问，为数众多的重要思想和传世典籍在这里传播激荡、绽放光芒。《百年清华

*本序为2012年版《百年清华图书馆》序
**作者时任清华大学校长。

图书馆》一书，正是通过翻捡历史文献、档案资料、手稿和照片等，将许许多多珍贵的片段串联起来，图文并茂地展示了清华图书馆的世纪风貌。

　　清华图书馆的百年历史，是20万莘莘学子心灵深处挥之不去的青春岁月，是学校优良文化传统和光荣革命传统的生动写照。这里，珍藏了80年前钱锺书为博览群书而"横扫图书馆"的奕奕风采，也留下了曹禺当年创作话剧名篇《雷雨》的孜孜身影。这里，融入了70多年前代理图书馆主任朱自清先生的铮铮铁骨，也记录了60多年前时任馆长潘光旦教授的炯炯目光。这里，忘不了抗战期间图书馆被日寇洗劫后梅贻琦校长的扼腕长叹，也凝结了院系调整时蒋南翔校长千方百计留存珍贵文献的深谋远虑。这里，凝固了20世纪30年代初杨廷宝先生设计图书馆二期建筑的神来之笔，也展示了80年代末关肇邺院士构思三期新馆的绝妙之作。这里，撒下了20年代有志青年向往光明、追求进步的星星之火，也点燃了21世纪清华学子弘扬优良学风、勇攀学术高峰的燎原之势。

　　一百年栉风沐雨，一世纪沧桑砥砺。回首过去，清华图书馆的不少印迹已经在历史的长河中逐渐消失湮灭了，而流传至今的这些书籍、文字、图片，则更显弥足珍贵。展望未来，在日新月异的信息化时代，图书馆悄然发生着巨大的变化，数字化资源已经成为馆藏资源最为重要的一个组成部分，基于网络环境的读者服务模式日益成为图书馆服务师生的主要形式。虽然，每天到图书馆来借书、还书不再是学习生活的常态；但是，图书馆的信息服务早已通过网络延伸到学生的宿舍、教室、实验室乃至校园的每一个角落，构成覆盖校园生活的更加开放的"学习型空间"，继续为广大师生的学习、工作和生活发挥着应有的重要作用。

在很多清华人心中，图书馆是一种特殊的存在，是一座精神的家园，是一盏指路的明灯，抑或还将是一生永恒的记忆。希望《百年清华图书馆》一书能让大家再次感受世纪清华的百年书香，重温在这里度过的美好回忆。

2012 年 10 月

目 录

引 言 1～6

初创时期 1912—1919 7～22

早期发展 1920—1936 23～48

南迁岁月 1937—1945 49～70

战后重建 1946—1948 71～86

新中国之初 1949—1965 87～112

『文革』十年 1966—1976 113～124

改革开放 1977—1998 125～158

跨越新世纪 1999—2012 159～205

参考文献 206

大事记 207～212

索 引 213～218

后 记 219～220

再版后记 221～224

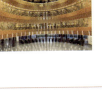

1991年建成的清华大学图书馆三期建筑。

引　言

西山苍苍，东海茫茫，吾校庄严，巍然中央，
东西文化，荟萃一堂，大同爰跻，祖国以光。
莘莘学子来远方，春风化雨乐未央，行健不息须自强。
左图右史，邺架巍巍，致知穷理，学古探微，
新旧合冶，殊途同归，肴核仁义，闻道日肥。
服膺守善心无违，海能卑下众水归，学问笃实生光辉。
器识其先，文艺其从；立德立言，无问西东。
孰介绍是，吾校之功，同仁一视，泱泱大风。
水木清华众秀钟，万悃如一矢以忠，赫赫吾校名无穷。

一首清华大学的老校歌，唱出了这所百年名校的气魄和追求。

每天早上开馆之前，等候进馆的读者都会在图书馆门前静静地排起长龙。初升的朝阳、洋溢着青春气息的青年学子和身边古朴而又庄重的图书馆建筑，共同构成了一幅意味隽永的风景画，感染着偶尔从这里经过的人们；又仿佛是一首经典的老歌，日复一日、年复一年地在清华园里绵绵不绝地吟唱。

    美丽的清华园钟灵毓秀，一条校河从校园里蜿蜒穿过。就在学校的中心地带，大礼堂后面的校河旁边，坐落着一个古朴而又典雅的建筑群。建筑先是由南向北，再折而向西，再折而向北，再折而向西，然后分头伸向南北。建筑群中央环抱着一个中式庭院，回转折曲，错落有致。灰色屋瓦、红色砖墙在葱茏的绿树之中掩映；走进宽敞明亮的大厅，头顶上的吊灯发出柔和的光芒，照着来来往往的人们走向各自的目的地；一间间幽深的书库中，曲折的过道从林立的书架和阅览桌椅旁边穿过，排排书架上密密地摆放着整齐的书籍。这是一座知识的宝库，闪耀着智慧的光芒。

    它，就是伴随着这所学校，走过了一百年风雨历程的清华大学图书馆。

4

清华时间简史·图书馆

引言

"左图右史,邺架巍巍,致知穷理,学古探微,新旧合冶,殊途同归,肴核仁义,闻道日肥。"清华大学老校歌用寥寥数语,描绘了一个世纪之前学子们在这座图书馆中求学、获取知识营养的情景。百年的历史积累起来丰厚的文化底蕴,使得它更像一个智者,温和而又深沉地注视着在这里进进出出的人们,期待着他们能够从这里有所收获。将近一个世纪的风雨历程,图书馆为不计其数求知的学子开启知识的大门,为他们奉献着无尽的宝藏。

百年风雨,百年沧桑。百年清华图书馆,传承着文明,延续着希望。

清华图书馆一期建筑设计效果图,绘于1916年。

初创时期
1912—1919

清宣统元年五月廿三日，即公元1909年7月10日，清政府颁布诏令，批准了外务部、学部关于《遣派学生赴美谨拟办法大纲奏折》，设立游美学务处，附设肄业馆一所。1911年1月5日，经清政府学部批准，游美肄业馆改名为清华学堂，于当年4月29日在清华园正式开学。从此，清华园变成了一所培养留美预备学生的专门学校。

清华学堂创办后，在教务内设置了图书经理员，负责管理学堂的公有图书。1912年10月17日，学校向外交部递交了将清华学堂改称清华学校的呈文。清华学校建立后，正式建立了小规模的图书室，称为清华学校图书室，这被认为是清华大学图书馆的起源。"清华之有图书馆，自民国元年始。"[①]早期清华学校图书馆的主要负责人戴志骞的这句话，给清华图书馆创立的日期做了一个年代的确定。但是，确切的日期到底是哪一天，迄今没有找到明确的记载。

按照戴志骞在《清华周刊》发表的《清华学校图书馆之过去、现在及将来》一文中的记载，初创时期的清华学校图书室的地址设在清华学堂后面一所名叫"同方部"的建筑中。最早只有大房一间、小房两间。每天上午9点至12点之间为阅览时间，只有这段时间里，才能够为师生提供阅览服务。

---

① 戴志骞：《清华学校图书馆之过去、现在及将来》，《清华周刊》，1927年第27卷第11号，550页。

同方部近照。据戴志骞的文章记载，成立之初的清华学校图书室就设在这座建筑中。这座位于清华园中心地带的建筑至今仍在使用着，斑驳的灰色墙面透露着岁月的沧桑，仿佛没有什么太大的变化，但是经过多次的翻修改造，今天我们已经无法在里面寻找到当年清华学校图书室的痕迹了。

同方部旧影，前门的牌匾和正面门廊（摄于20世纪30年代中期），引自《清华园风物志》。

② 清华大学校史研究室编：《清华大学史料选编》第1卷，北京，清华大学出版社，1991年，453页。
③ 清华大学校史研究室编：《清华大学史料选编》第4卷，北京，清华大学出版社，1994年，638页。
④ 清华大学校史研究室编：《清华大学史料选编》第1卷，北京，清华大学出版社，1991年，460页。

清华学校图书室成立之初，管理人员很少，只有一二人而已，管理着图书室的所有事务，没有专门的机构，管理员的行政关系隶属于学校庶务处管辖。"当时图书室所藏图书，中西文共仅二千余册。"② 这样的一个藏书规模，比今天许多学者的个人藏书还要少得多。

清华学校图书室最早的成立过程，包括清华学校图书室成立的确切日期，以及最初的那"一二位"管理人员的姓名，目前尚未查阅到确切的记载。有记载的是，清华学校图书室第一任主任名叫黄光，他1912年考入清华学校留美预备部，③ 后来获得了美国耶鲁大学文学学士学位。他在清华学校图书室担任主任的任职时间为1913年初至1913年底。④ 此时离他考入清华学校仅有一年的时间,从这样的时间关系上判断,黄光开始担任图书室主任时的身份应该是在读的学生。即使后来他的身份已经不是学生,他担任图书室的负责人也应

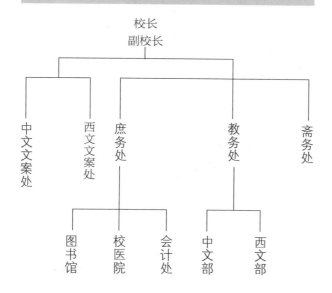

清华学校组织系统(1912—1913)⑤

该是临时性的,因为他很快就到美国去留学了。

继黄光之后,1914年9月戴志骞受聘担任图书室主任。正是在他的任上,清华学校图书室开始进入了第一个迅速发展的时期。

1914年以前,清华学校图书室不仅规模不大,而且发展缓慢,图书经费仅有1000余元。到了1914年,情况开始发生了变化。按照当时的清华学校图书室主任戴志骞的记载:"购书经费增加至每年5000元,所藏图书,数倍于昔。书籍允许借出室外阅览,而每日阅览时间,也比从前增加两倍。于是1914年夏,图书室脱离庶务处,成为学校独立行政单位。但是规模甚小,也无组织可言。"⑥虽然刚刚成为独立的单位,规模不可能马上就发生变化。但是,脱离了庶务处的管辖,成为独立的单位,为清华学校图书室此后的发展创造了条件,从

⑤ 清华大学校史研究室编:《清华大学史料选编》第1卷,北京,清华大学出版社,1991年,255页。
⑥ 戴志骞:《清华学校图书馆之过去、现在及将来》,《清华周刊》,1927年第27卷第11号,550页。

戴超,字志骞,是继黄光之后的清华学校图书室的第二任主任。江苏津浦人,出生于1888年,1912年毕业于上海圣约翰大学,曾任圣约翰大学图书馆主任。1914年,应聘清华学校图书室主任。1917年,在图书馆舍建造的同时,戴志骞专程赴美国纽约州立图书馆专科学校进修,学习图书馆学。1918年获学士学位后曾在纽约Camp Uptown Library 工作,1919年8月回国复职至1923年暑假。从1923年至1925年,又赴美国学习进修。戴志骞不在期间,图书馆主任一职分别由袁同礼(1917年暑至1919年暑)、吴汉章(1923年暑至1925年暑)代理。1925年戴志骞回国后,复任图书馆主任直至1928年。戴志骞在清华图书馆早期的发展过程中,发挥了重要的作用,他也是中国早期图书馆事业的开创者之一。

长期的效果看来,这应该说是清华图书馆发展历程中的一个重要的事件。从此,清华学校图书室在学校的支持下,开始展现出了生机勃勃的发展势头,并且在不久的未来,取得了非常迅速的发展。

按照学校的档案资料记载,到1917年6月,本校图书馆有西文图书5000余册、中文图书33 726册。图

刊于1917年2期《清华学报》的老照片,旁边的说明文字是"清华学校图书馆",这些老照片让我们能够真实地了解当年清华图书馆的样貌。

书馆的图书分为四部分：英文，法、德文，中文及少年丛书。随着藏书的逐渐增多，图书馆开始建立起了详细的图书管理账目记录簿。

　　2009年4月，为了纪念98周年校庆，清华大学图书馆举办了一个主题为"图书馆记忆"的展览，展出了图书馆最早的中外文图书目录账簿。这两本泛黄的目录账簿忠实地保存了清华图书馆图书收藏的历史。

图书馆最早的西文目录账本，蘸水笔写就的一手漂亮的花体英文。设立日期为1916年2月5日，该账本记录了图书馆收藏的第1种至第2000种西文图书。

图书馆最早的中文目录账本，字迹是用毛笔写就的蝇头小楷。设立日期为民国九年（1920）10月4日，记录了图书馆收藏的第1种至第5000种中、日文图书。

我们在一百年之后的今天，仍旧可以从这些工整而又漂亮的笔迹中，看到清华图书馆前辈们的规范认真的工作作风和工作态度。

清华图书馆最早的中西文目录账本，洋洋洒洒数百册，至今仍旧完好地保存在图书馆资源建设部的书橱里，这是清华图书馆前辈们为后人留下的宝贵遗产。

清华图书馆馆藏中文账目记录中编号为第1号的中文书《艺文备览》，共四函十六册。沙木集注，清嘉庆十一年（1806）刻本。

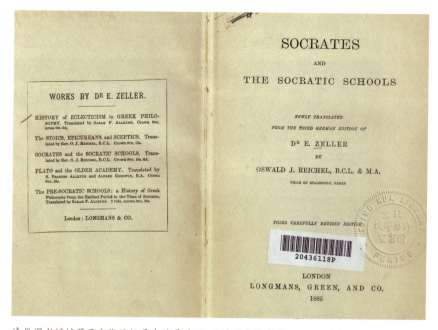

清华图书馆馆藏西文账目记录中编号为No.3的西文图书 *Socrates and the Socratic schools*。Eduard Zeller 等编著，伦敦 LONGMANS, GREEN, AND CO. 1885年出版。按照账目中的记录，编号为No.1的西文图书后被调出。

早期清华图书馆的图书印鉴,其中既有最早的"清华学堂公用书籍"的印鉴,也有其后的"清华学校图书室""清华学校图书馆"等字样的不同时期的、式样各异的图书印鉴,这些图书印鉴保留了清华图书馆发展早期的信息。(刘春美提供)

1918年3月15日,北京大学图书馆主任李大钊率馆员四人专程赴清华学校参观,受到了图书馆代主任袁同礼的热情接待,并准备了午餐招待,使得李大钊很受感动。之后他写了一篇"参观清华学校杂记",发表在《北京大学日刊》上。作为一个参观者,他对于当时清华学校图书馆的描述,也给我们留下了一些当时清华图书馆的信息:

> 现在图书馆址颇形狭隘,闻有数多书籍以馆中无余容藏之他室中。……书籍以英文书为主,中文书次之,德、法文书则寥寥无几。
>
> 各科教员购书,须经该科教授会议决,然后请校长签字。其余普通提出购书者,亦须经校长、学长、图书主任签字,但临购之前均须交图书馆核阅馆中有无是书,以免重购。关于杂志,印有一种表格,中列"杂志名目""杂志期号""页数""题目""著者""何人提出""于习何科者有趣益"等项,俾阅者随时将杂志中之佳构标出,张贴馆中,促人注意。

李大钊对于这种做法很赞赏,评价说"此法甚善,并可推广其意,分门别类,将各杂志中之重要论文编成Card式之目录,以供研究某种问题时依类检集材料之用"。⑦

⑦ 李大钊:《李大钊全集》第2卷,北京,人民出版社,2006年,185~188页。

独立后的清华学校图书室，其生机勃勃的发展很快就遇到了必须解决的问题——随着藏书的较快增长，图书室空间不足的矛盾开始凸显。这一点在戴志骞的文章中也有明确的介绍："原有图书室不敷庋藏，虽然将旁边的房间并入，还嫌局促。"⑧

原有的同方部内的馆舍，已经不能满足图书馆的需要。于是，在清华学校第二任校长周诒春的任内，学校开始着手考虑，在另外的地方为图书馆建造一所独立的馆舍。

周诒春，1913年10月出任清华学校第二任校长，1918年1月离任。正是在他的任内，进行了清华图书馆的第一期馆舍建设，成为清华图书馆发展史上的重要里程碑。（校史馆提供）

1916年4月，由泰来洋行承办，清华学校开始兴建独立的图书馆馆舍。按照当年的记载，新馆舍于1916年开始设计，1917年春开工兴建。两年后，即1919年春，新馆的大阅览室首先建成，原先清华图书馆的图书悉数迁入。又过了两年，即1921年，进口的书库钢架运至并安装完毕。至此，图书馆第一期建筑全部落成。整个建筑面积2114.44平方米，当时花费了银元175 000元。书库的容积，拟供本馆扩充15年书籍之用。⑨

按照1917年《清华学校校务报告》记载，在迁入新馆舍的同时，清华学校图书室改称清华学校图书馆，图书经费也自脱离庶务处独立办公后，由每年的四五千元，迅速增长至万余元。

⑧ 戴志骞：《清华学校图书馆之过去、现在及将来》，《清华周刊》，1927年第27卷第11号，550页。

⑨ 戴志骞：《清华学校图书馆之过去、现在及将来》，《清华周刊》，1927年第27卷第11号，550页。

亨利·墨菲（1877—1954），清华大学图书馆第一期建筑设计师。1899年毕业于耶鲁大学，1914至1935年在中国期间，主持设计了长沙雅礼大学、清华大学、复旦大学、燕京大学、南京金陵女子大学、福州协和大学、广州岭南大学等学校的主要或部分建筑，为中国早期的大学建筑做出了贡献。⑩

初创时期

17

清华图书馆一期建筑效果图。⑪从这张已经接近百年的珍贵的设计图纸中，我们仍旧可以清晰地看出，当年设计师的笔下所展示出来的新图书馆的风格，而这一风格此后绵延不绝，成为清华大学图书馆建筑风格的滥觞。

该图的右下角注有：
THE LIBRARY
TSINGHUA COLLEGE PEKING CHINA
MURPHY & DANA ARCHITECTS NEW YORK CITY

⑩ Jeffrey W. Cody. Building in China: Henry K. Murphy's "Adaptive Architecture," 1914—1935.Hong Kong: Chinese University Press; Seattle: University of Washington Press, 2001:3.

⑪《北京清华月刊》，第1卷第3期。

当年拍摄的清华学校图书馆的照片，这座簇新华丽的建筑一时成为清华园的中心。

今天的清华图书馆一期建筑外貌。近百年后，这座建筑外已是树木繁茂。冬季叶落，被遮挡的建筑才能比较完整地显现出来。由于平时不再开放，因而行人稀少，门前的地面上仍然残留着冬日的积雪。

墨菲的建筑采用了美国流行的校园建筑风格，其特点是砖混结构，外形对称、比例端庄、立面三段划分，清水砖墙面砌出线脚，有些地方模仿文艺复兴时的门窗柱式，基座、檐口及门窗等重点部位点缀一些石料古典柱式、线脚花饰等。这些建筑形式体现了学校建筑的特征，长期以来形成了清华大学的中心，甚至象征了清华大学的风格。他设计的清华图书馆是我国最早的按当时欧美流行的图书馆的"T"形平面建筑

当年图书馆建筑的照片。从这些留下来的老照片中,我们可以清楚地看到当年刚刚建成的图书馆阅览室室内的环境,以及家具和灯具的式样。

格局设计的一座近代图书馆建筑,也是我国按图书馆闭架管理要求,将"藏""借""阅"功能明确分开的早期图书馆建筑之范例。

图书馆从外形到内部皆采用西洋古典形式,尽量讲求气派,追求一种永恒的、有纪念意义的建筑风格,因此建筑用材极为讲究,主要的建筑材料都是花重金从美国、英国、意大利等国直接订购,如图书馆的钢书架、钢楼梯、厚玻璃地板,甚至一些附属用品,也都从美国购买。

当年图书馆书库（上）和今天图书馆老馆书库（下）的对比照片，岁月和时光仿佛在这里驻留，而其间则有无数学子曾经在这里汲取知识的营养。镜头前的这个能透光的玻璃地面小书库，早已成为早期清华人心中的骄傲。

新建成的图书馆建筑外部风格庄重古朴，内部装修典雅华丽，和大礼堂、科学馆、体育馆一起，成为当时清华学校里引人注目的"四大建筑"。而图书馆大厅的大理石墙面、软木地板，再加上书库内的玻璃地面和钢铁书架，这些在当时堪称世界一流水平的豪华装修和家具配置，为建校初期的清华学子们创造了优越的学习环境，受到了广大师生们的喜爱。

上图为当年的清华图书馆一期建筑中厅照片，经过精心雕琢的白色大理石柱及带着原始漂亮花纹的大理石墙面，在阳光的照射下熠熠生辉（档案馆提供）。

下图为今天的清华大学图书馆一期建筑中厅照片，经历了将近一个世纪的岁月磨蚀，其华丽典雅的风采依旧。

当时刊印的《清华周刊》中登载的对清华图书馆的介绍文字中，满含对这座新建筑的赞美之词："吾清华图书馆之建筑，固为东亚独步（此系某报之评论，非夸张也）。"[12] 图书馆"分上下二层：下层是办公室，同各教员预备室；上层是阅览室二大间，分中西二部，同时可坐二百二十余人。馆后为藏书库，共分三层，每层列架数十，可容书十万有奇。全馆地面或用软木，或用花石，墙壁如阅览室等处，系用大理石，轮奂壮丽，可为全国冠"。[13]

[12] 凤：《本校图书馆纪要》，《清华周刊》，第5次临时增刊，1919年6月，24页。

[13] 清华大学校史研究室编：《清华大学史料选编》第1卷，北京，清华大学出版社，1991年，449页。

初创时的清华图书馆，条件原始而简陋，藏书稀少，只有寥寥一两名工作人员，馆藏图书只有2000册左右。1914年的机构独立为图书馆提供了发展的契机，此后，在学校方面的大力支持下，在当时图书馆的几任负责人和全体工作人员的共同努力下，持续不断地向前发展，图书经费逐渐增加，购入书籍数量逐渐增多。至1918年末，图书馆已有中外文图书共计45 000册，初步形成了一定的规模。而在1910年代后期兴建的图书馆第一期馆舍，不仅大大地改善了清华图书馆的办馆条件，而且给初创时期的清华图书馆提供了一个极好的发展空间，为清华图书馆在下一个阶段的迅速发展和繁荣奠定了坚实的基础。

年轻的学生们从图书馆一期建筑前走过。深秋时节，图书馆前的银杏树一树灿烂的黄色，散发出夺目的成熟之美。

清华图书馆二期建筑外景照片,摄于1933年。

早期发展
1920—1936

清华图书馆一期建筑的落成，在大大地改善了当时清华学校图书馆的环境和条件的同时，也大大地推动了图书馆的发展。时任主任戴志骞通过赴美进修和攻读学位，学习了美国大学图书馆先进的管理模式和经验，并在回国之后引进到清华图书馆内，在清华学校图书馆建立起了一套类似美国大学图书馆的部门设置、管理模式及相关的规章制度，并不断地进行完善，推动早期清华图书馆在岗位设置、资源管理和读者服务等业务工作的发展。

自1920年起，清华学校图书馆开始独立预算。到了20世纪20年代早期，清华图书馆已经初具规模，1921年《清华大学年鉴》中收录了一张当时图书馆工作人员合影的照片，在"LIBRARY STAFF"表中罗列出了当时清华学校图书馆的人员名单。当时图书馆共有工作人员14名，其中主任1名，主任助理2名，中英文编目员各1名，以及助理馆员若干。从表中的人员名单还可以看出，当时的清华图书馆有外籍员工1人，学生助理3人。[1]

当时的清华学校图书馆模仿国外的大学图书馆，开始建立起自己的组织机构，引进了西方图书馆的管理模式，建立了图书馆的各项管理制度。这项工作是从1919年秋开始的，"民国八年秋，前主任戴志骞先生，乃改弦更张，厘订组织"。[2]

[1] The Tsinghuapper. Peking, China: Published annually by the students of Tsinghua College. 1921.
[2] 清华大学校史研究室编：《清华大学史料选编》第1卷，北京，清华大学出版社，1991年，451页。

按照戴志骞文章中的表格所示,图书馆主任下设有参考出纳股、中文编目股、西文编目股、管理股四个部门,每个股下面又有若干个具体工作岗位,层层落实。

其中管理股负责购置书籍杂志等事项,接洽校内外各项事务、编制预算决算及报告和装订等一切杂务;中文编目股负责中日文书的登录、分类、编目、装订等;西文编目股负责西文书的登录、分类、编目等;参考出纳股则负责管理教师指定参考书及普通参考书、各类书籍的出纳、整理杂志报告及各种图表、整理书库及佳本书籍室。③

③ 戴志骞:《清华学校图书馆之过去、现在、及将来》,《清华周刊》,1927年第27卷第11号,551页。

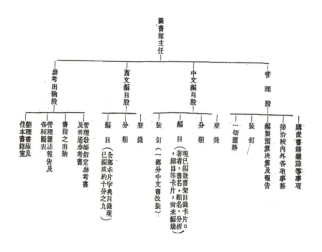

如上图所示的图书馆的业务部门的形成，标志着图书馆在机构设置和业务管理方面的初步完善和成熟。在清华学校图书馆建立十周年之际，图书馆已经建立起了比较完备的管理机构和业务工作流程。这样一个图书馆的部门结构，基本与当时美国大学图书馆的主要业务工作内容相当。而其中的"参考出纳股"的业务范围，包含了对参考书、杂志、报告和图表的管理和服务，已经具有图书馆参考咨询服务的含义了。九十年之后的2009年，清华大学图书馆信息参考部举办了部门的庆祝座谈会，在回顾部门历史的时候，大家自豪地宣称："清华图书馆参考部是中国国内最早建立起来的图书馆参考部门。"

2009年底，信息参考部召开成立九十周年庆祝座谈会。

·1922 FOUNTAIN·

这幅喷泉装置的速写由建筑大师梁思成所绘,时间是 1922 年。当年这个由 1922 级校友设立的喷泉装置放在图书馆一期建筑门前。后来曾经经历了几度迁移,最后,终于又在 1991 年图书馆三期建筑落成之时,重新被安置于图书馆三期建筑门前。经历了九十年的风雨,这座"知识之泉"历久弥新,成为清华图书馆的一个象征。

图书馆三期建筑门前的喷泉流珠飞溅,在阳光的照耀下绽放开美丽的水花。每年从 4 月份到 10 月份期间,图书馆都会开启喷水装置,汩汩清流从顶部涌出,然后向四周飞流而下,激起动听美丽水声和水雾,吸引着年轻学子和来自四方的游人驻足观看。

袁同礼（1895—1965），1916年毕业于北京大学预科，美国哥伦比亚大学学士，美国纽约州立大学图书馆学学士。1917年暑假至1919年暑假代理清华学校图书馆主任，1918年当选北京图书馆学会会长。1937年10月至1938年12月期间以北平图书馆馆长职务兼任长沙临时大学图书馆馆长、西南联大图书馆馆长。

1921年，清华学校图书馆的主任助理袁同礼远涉重洋，赴美国学习图书馆学。在这个曾经担任过清华学校图书馆代理主任的年轻人眼里，大洋彼岸的这个国家的图书馆行业值得他学习的东西太多太多。在四个月之后的9月写给国内的信中，袁同礼写道：

我在美国国会图书馆里四个月所得的经验，比之在清华服务四年还强。该馆有很多中国书。我想那里底中国书，要是拿到北京来，恐怕要算第三。有些古板书籍在中国也找不到的，说来真是可叹！……今年夏天我对于中国目录学稍稍研究了一下，同时也研究一点中国图书馆底历史。此门学问范围很广。……中国现正需要一个图书管理、学问也好并且能应用科学的方法。④

在1922年1月写给戴志骞的信中提道：

我自从到华盛顿以后，我游览了很多的社会机构和各种的图书馆。我差不多参观了三十多处图书馆，有一些接待的很好，有一些就非常冷淡，无非是轻慢中国人的意思，然而我却都拿中国人的忍耐性以了之。⑤

这些海外来信反映了袁同礼当时的思想，和那个时代许许多多出国留学的年轻人相似，在感受到与美国巨大的差距之后，期盼着学习美国的先进经验，尽快提升国内图书馆水平。

1925年，学校添设大学部及研究院。清华学校开始进入了新的发展阶段，对图书馆的支持力度也大大

④ 袁同礼：《袁同礼先生自美来信》，《清华周刊》，第228期，1921年12月2日，22～24页。
⑤ 袁同礼：《图书馆新接到的一封信》，《清华周刊》，第234期，1922年1月13日，15页。

王国维、吴宓关于推荐购买《知服斋丛书》的信笺。

增加，图书购置经费比以前增加了大约5倍，从而使得图书馆可以有更加充裕的资金进行资源建设。1926年，学校成立了由图书馆主任担任主席，各学科派代表参加的图书购置委员会，负责决定图书预算支配及购书事宜。凡各学科应该购置的专业图书与杂志，只要得到该学科教授的同意，并且书价未超过图书委员会预算，就可以由各科教授推荐代表一人，直接与图书馆主任接洽购置。至于普通参考书，图书馆主任可酌情自行负责购置。⑥

1925年9月，时任清华学校国学院教授的王国维在北京城内的"文友堂"书店里看到了一部较为稀见的《知服斋丛书》，便写了一纸推荐购买的说明信笺，交给国学研究院主任吴宓。吴宓在经过校长核准同意之后，给图书馆主任写了一份说明告知原委，请

⑥ 清华大学校史研究室编：《清华大学史料选编》第1卷，北京，清华大学出版社，1991年，453页。

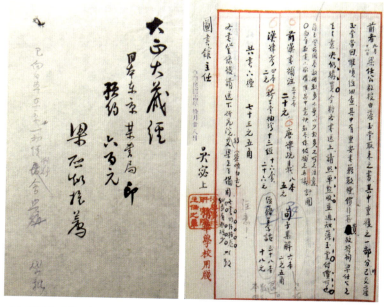

以上两图是国学院教授梁启超为图书馆荐购图书的有关便笺。左图为梁启超推荐购书单,其中的文字为"大正大藏经 日本东京某书局印 预约六百元 梁启超推荐"。右图为吴宓写给图书馆主任的信函,提到梁启超推荐的六种书,建议图书馆登录后"送下研究院转交梁先生备用"。说明当时图书馆的书籍对于知名教授有特别的使用政策。而信中关于书店"藻玉堂所开卷数册书多不实,以少报多,不可不注意"和"各书仍须按卷细查有无短少"等语耐人寻味,提醒图书馆要注意防范不良书商。

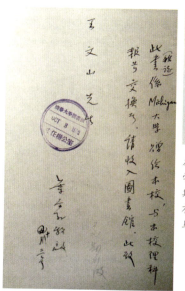

左图及上图的两份便笺来自两位著名物理学家——叶企孙和吴有训,他们是中国早期物理学的奠基者,在中国的物理学界具有重要地位。而他们也曾经因为采购图书,与图书馆有过这样那样的联系。

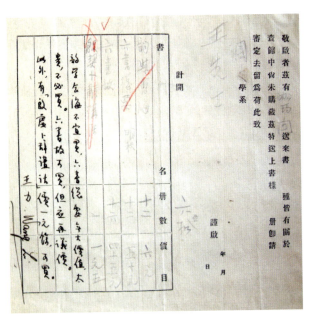

上面这份便笺的时间应该稍晚,是图书馆发给中文系王力教授,关于几种图书采购请王力确认。该信笺采用统一格式打印,反映出图书馆当时发给各院系征求采购意见的信函已成定例。

图书馆接收该书,并将账单交庶务处报销。从便笺的文字中,直观地反映了当时清华图书馆荐购图书的过程和手续。而王国维在信中专门提到"索价四十元,坚不肯让,此书在时价中亦不为贵,故拟为学校购此书"等,则反映出这位著名学者对待荐购图书认真负责的态度。

此类清华学校教授们给图书馆亲笔所写的荐购函件,有千余件幸运地保存了下来。其中包括国学院"四大导师"的荐购手迹,还有袁复礼、浦江清、闻一多、朱自清、叶企孙、吴有训、王力等著名教授的荐购手迹。经过了七八十年之后,从这些珍贵的手迹中,我们可以窥见当时的学者们和图书馆之间的联系和互动。

"大学图书馆之发达,其原因虽多,要皆根据于自动研究学术之原理。大学乃探讨学术之所,而图书馆则流传学术之府库也。"这段话是时任清华学校校长曹云祥在《清华学校图书馆中文书籍目录》的序言中提到的。1927年,《清华学校图书馆中文书籍目录》编纂完成，收录了当时图书馆所收藏的全部中文图书，这是清华图书馆中文图书编目工作所取得的一个重要的成果，为当时的广大读者提供了方便。

1928年起，清华学校改为国立清华大学，而清华学校图书馆也相应改称为国立清华大学图书馆。当年，学校聘请洪有丰出任图书馆主任。

洪有丰（1892—1963），字范五，1916年毕业于金陵大学文学院，1919年赴美攻读图书馆学，1921年获纽约州立图书馆学院学士学位。1928年9月至1931年9月、1934年10月至1935年7月两次出任国立清华大学图书馆主任，兼中华图书馆协会董事。他是继戴志骞之后，又一位对早期清华图书馆的发展做出重要贡献的图书馆负责人。

上图为国立清华大学图书馆的几种印鉴，包括图书馆在书中加盖的钢印公章以及两枚不同的馆藏章。（刘春美提供）

过去图书馆的购书经费，并没有规定一个定额，都是由学校随意拨付。1920年以后，图书馆开始有预算，但每年的经费只有数千元。到1924年，图书馆的实际购书经费增加至2万余元，而到了1928年，图书馆的购书经费已增加至6万余元，1929年更是达到了11.2万元。改为大学之后，图书经费按照各院系分别进行预算，给予不同额度划拨。按照当时的文献记载，关于书刊的采购，除报纸和普通杂志、参考书仍由图书馆照惯例办理外，相关的专业书籍特别是研究性的资料，则由各系负责把关，开具购书单经系主任签字，交图书馆办理购置。

1929年，在时任校长罗家伦的联系下，图书馆耗资34 000元，购买了杭州藏书家杨氏丰华堂的藏书47 546册：其中宋刻本7册、元刻本24册、明刻本4859册、钞本2161册；其他还有日本刊本、稿本、名人批校本以及清代精刊本等，其中有许多珍善本。这批藏书的购入，大大地丰富了清华图书馆中文古籍的收藏，成为那个时期清华图书馆所购置的最大一宗中文书籍。二十多年以后，罗家伦回忆起这件事情时，还颇为自豪地写道："清华图书馆的中国书太少了，我愿意在交卸以前，买下这一大批书，以弥补清华图书馆的这个缺陷。"

左面及下面两图为当时购入的丰华堂藏书的目录，可以想见，当时为了购进这么一大批中文古籍，从学校领导方面到图书馆方面，有许多人为之付出了艰辛的努力。

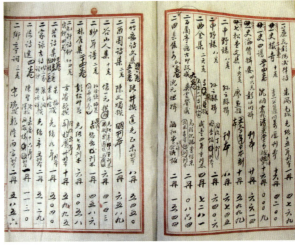

罗家伦（1897—1969），字志希，浙江绍兴人。早年入复旦公学、北京大学求学，积极投身五四运动。1920年赴美、欧游学。1928年至1930年担任清华校长，是国立清华大学的第一任校长。罗家伦在任的最后一年，积极促进了清华图书馆二期建筑的建设工作。（校史馆提供）

 1930年3月，罗家伦主持开始了图书馆的二期扩建工程。该工程由天津基泰公司绘图，协顺木厂承办。对于这个未来的图书馆新建筑，罗家伦进行了许多策划，其中之一就是要在新图书馆建筑中建造一个有特点的大阅览室。他曾经在一次讲话中富有激情地说："大阅览室是最可以使人兴奋，最能刺激人好学兴趣的场所。所以这次在西面所建的大阅览室中，预计可设一千个座位，而且每一个或两个座位上都安置台灯。诸位想想，将来有人一踏进这个阅览室，看见一千个青年学子都在各个座位上，面对着绿色的台灯，静静地埋头用功研究——这是何等可以使人感动的气象！"⑦

⑦ 智效民：《八个大学校长》，武汉，长江文艺出版社，2006年，145页。

上图为"国立清华大学加建图书馆标单"，是由当时的天津申泰兴记木厂对清华图书馆二期建筑所做的施工计划和工程预算，这份珍贵的历史文件反映出图书馆二期建筑当时的建造标准和造价水平。（档案馆提供）

杨廷宝（1901—1982），河南南阳人，1921年毕业于清华学校高等科，同年赴美国宾夕法尼亚大学建筑系深造。1927年回国加入基泰工程公司，为清华图书馆二期建筑设计主要负责人。在二期建筑的设计上，他继承了一期建筑的风格，在西部按照与一期建筑相同的模式建造了新图书馆的另一翼，并在中部加入了一个中央大厅。图书馆二期建筑与一期建筑完美融合，成为中国近代建筑扩建后保持原有风格的典范。

右图为清华大学图书馆二期建筑设计效果图，图中对建筑的空间关系做了处理，使得一、二期建筑仿佛处在一个平面上，从而显示出一种独特的效果，使得一、二期建筑之间的和谐关系更加突出，仿佛就是一个整体。图中的文字为"国立清华大学图书馆设计图　天津基泰工程公司绘　中华民国十九年二月"⑧。

图书馆二期扩建计划要求扩建后的图书馆一要便于管理，二要为将来的扩建留有余地，三要外形壮丽，与一期图书馆风格一致。设计师杨廷宝结合地形，以一个与原楼从总体到细节完全一样的新楼，在垂直方向布置，把平面布置成L形，并用一个45°方向布置的一个外观高耸、内部装修华丽的门厅将旧馆与扩建部分联系起来。为与原有建筑协调，在建筑外观形象上，沿用与旧馆相同的材料、相同的意大利式屋顶以及相同的罗马风格的拱形窗，不仅使扩建部分与旧馆浑然一体、天衣无缝，而且给予整个建筑形象以新的视觉中心，避免了可能产生的过于零碎的缺点。

扩建后的L形图书馆位于校园的中心建筑——大礼堂之后，从北面与东面把礼堂拱卫衬托起来。它的屋顶轮廓在平缓之中又有变化，在这一组建筑群中扮演着积极而又恰当的角色。它的每个局部或构件，无不在尺度上、构图的繁简上做次一级处理，使人们在这个环境中享受到一种平和、庄重和有秩序的整体之美，并营造出浓郁的学术气氛。

⑧ 清华第二级毕业委员会编辑部编：《国立清华大学第二级毕业纪念册》，北京，清华大学，1930年。

1933年拍摄的图书馆二期建筑外景，刚刚落成不久后的图书馆建筑，门前种植的花朵正在盛开，一切都崭新而富有朝气。（黄中孚摄，档案馆提供）

1931年11月，图书馆二期扩建工程竣工，费银257 000元，馆舍总面积达到7700平方米。全馆分为中、东、西三部。东部建筑的地面，或用软木或用花石，原有三层书库用玻璃砖地板；阅览股出纳处两旁墙壁，及中部建筑之走廊内地面与墙壁，均用大理石铺砌。原有书库内钢铁书架，购自美国。扩充书库的钢铁书架订购自英国罗历公司。1933年1月开始装置，3月底完工。⑨

1932年11月24日，有学生记者采访时任图书馆主任王文山，对二期图书馆建筑的相关情况做了如下的记录：

新书库设备，主要者为钢铁书架，地板及电灯。钢铁书架已于六月廿三日与英国Dowell Co. 中国总经理天津Dowell Co. 订妥合同，定购全份，计价六千镑，分四期付款。地板不用玻璃砖，因用玻璃砖，仅为光线较好，但新书库窗户甚多，光线不成问题，且现在皮鞋多有铁后掌，常损玻璃面，而玻璃砖价值奇昂，现拟用Concrete（石子及洋灰混合）。电灯早经订妥，不久可以来货。现在打算此三项同时装设，在筹划进行中。

将来书籍之排列，拟分中文（日文在内）书，西文书，新闻报纸及期刊，与特种书籍等类，分层分区排入，旧书库仍放普通书籍，因距借书处近，便于寻查也。对于书库内读书的设备，除旧书库窗户尽量利用，设置小桌凳，以便翻阅外，并拟在新书库内添设研究书桌，以便在内研究者读书之用，桌之模型已制就，长三尺许，宽约二尺二寸至四寸左右（因尚拟缩窄以便书库内之交通），桌下有书格整个，可容书十本上下，桌上可置书三十余册，书中放卡片，片可于签名后倒置，即作为该桌人借阅，否则可任他人借阅。新书库内则拟添三职工，专司巡视各桌上借阅与否之书片，当便利研究者多多。按新书库每窗户设一桌计，可设百桌。因新书库宽敞，尚不致影响交通。新旧书架，装设齐备，预计可得六万余呎，约十英里，按每呎放书八至十册计，可共放书五十至六十万册。⑩

---

⑨ 清华大学校史研究室编：《清华大学史料选编》第2卷，北京，清华大学出版社，1991年，736～737页。
⑩《图书馆新书库》，《清华副刊》，1932年第9期，10页。

1932年是图书馆成立二十周年,洪有丰在他撰写的《二十年来之清华图书馆》中,对清华图书馆二十年的发展情况做了总结介绍。文中提道:

> 二十之年,于人为始冠,我国昔甚重视斯礼。盖由童稚初及于成人,毕生事业之基础,于焉发轫,奋扬踔厉,未来希望,正无穷也。本校图书馆……一切组织管理规划,渐次更定新法,着手进行。图书之购置,迭有增加,颇觉缥缃盈架,略有可观。譬于人始冠之期,殆有似焉。⑪

洪有丰把二十岁的清华图书馆比作洋溢着青春气息的青年,事业已经打下了良好的基础,在他的面前,是充满希望的未来。

大学成立后,建立了图书馆委员会,作为学校的常设委员会之一。各院、系也大都成立了图书室。1932年9月,学校评议会通过、校长公布施行了《国立清华大学图书馆规则》,奠定了图书馆基本制度的基础。

在《国立清华大学图书馆规则》的25条规定中,

⑪ 清华大学校史研究室编:《清华大学史料选编》第1卷,北京,清华大学出版社,1991年,449页。

今天的清华图书馆二期建筑正面照片,经历了80年的风雨洗礼,这座清华园里的重要建筑风采依旧。

共有总则、出纳、阅览、书库和附则五部分，对图书馆的读者范围、外借规则、借阅权限、借书证的管理、阅览室开放时间以及书库的开放时间等进行了详细而明确的规定。在《借阅图书规则》中，规定每个学生凭借书证限借三册图书，借期两周，期满如无预约，可续借一次。借书时间为上午8：00—12：00（周一8—11点），下午13：00—17：00，周日休息。

显然，当时的图书馆管理者已经有非常强的读者服务意识，考虑到读者的一些比较特别的需求，专门设计了图书续借和预约借书的办法。"如欲借之书，已为他人借用，可填一预约借书单，俟书收回，馆中即行通知预约者。但逾约定时期，而不来馆借用者，即不代保留。"⑫

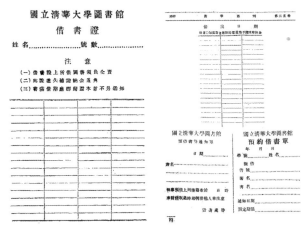

洪有丰文章中介绍的1931年的清华图书馆借书证、预约通知单式样。不要小看了这几张普通的纸片，它们代表着一个图书馆的规范管理水平。⑬

⑫ 清华大学校史研究室编：《清华大学史料选编》第2卷，北京，清华大学出版社，1994年，753页。

⑬ 洪有丰：《图书馆述略》，《清华周刊》，1935年第35卷第11、12期，999～1000页。

⑭ 清华大学校史研究室编：《清华大学史料选编》第2卷，北京，清华大学出版社，1994年，759页。

同年9月29日，图书馆委员会通过了《发给书库证详细办法》⑭，开始尝试着将书库向教师和研究生开放。这项新的服务非常受当时师生们的欢迎，特别是对研究生开放书库，使他们看书和查阅资料更加方便。许多清华校友在多年以后还津津乐道地回忆起他们当年所享受到的可以进书库的"特殊待遇"。

近年来，图书馆重视文化环境建设，在老馆大库里恢复了以往曾经有过的研究桌椅设置，并尽量保持了家具的原有风貌，如上图所示。（谢立军提供）

此外，为了给进入书库的读者提供便利的研究条件，图书馆专门在新书库钢架两旁靠近窗户处，设置"研究"桌椅若干份。⑮

此时的清华图书馆已经建立起了较为完整的图书目录体系。西文书籍全部按照杜威十分法编目，且略加变通。中日文书籍则用本馆所编制的分类法，共包括：甲，总类；乙，哲学宗教；丙，自然科学；丁，应用科学；戊，社会科学；己，史地；庚，语文；辛，艺术。一共八个类别，简称八大类分类法。

图书馆按文种、文献类型分设了四个阅览室：期刊阅览室（第一阅览室）、中文阅览室（第二阅览室）、西文阅览室（第三阅览室）、报纸阅览室（第四阅览室），并且采用了开架阅览的形式。阅览室在过去每周一至周六上午8:00—12:00开放，下午13:00—17:00开放的基础上，增加晚上19:30—22:30开放。

随着二期馆舍的扩建完成，图书馆的馆藏资源及各项业务都有较大发展。在洪有丰1935年撰写的"图书馆述略"一文中提道："我国学校图书馆逐渐进步，创建馆舍，增加设备，并网罗中外典籍，采用科学管理方法，供全校员生之研究，实占学校之重要地位。"⑯

⑮清华大学校史研究室编：《清华大学史料选编》第2卷，北京，清华大学出版社，1994年，754～755页。

⑯洪有丰：《图书馆述略》，《清华周刊》，1935年第35卷第11、12期，955页。

20世纪30年代前期进入清华大学读书的学子们是幸运的,他们恰好赶上了新图书馆的建成,这座一流的、崭新的大学图书馆为他们提供了得天独厚的学习氛围。说得天独厚,除了因为新建成的图书馆那幽雅华丽的环境以及丰富的藏书之外,还因为当时清华大学的教师和学生当中,聚集了一大批富有才华的学者,他们利用图书馆钻研和学习,相互砥砺和影响,形成了极好的学术氛围。在这样的一个氛围中孜孜攻读,勤奋努力,涌现出如曹禺、钱锺书、杨绛、季羡林、费孝通、华罗庚、钱三强、彭桓武等日后的学界泰斗宗师,则是再正常不过的事情了。

曹禺利用1933年暑假在图书馆里完成著名话剧《雷雨》创作的事例,已经成为清华图书馆的一段经典佳话。对于当年在清华图书馆里写作《雷雨》的经过,曹禺本人在《水木清华与"雷雨"》的文章中有如下生动的回忆:

1933年拍摄的图书馆二期建筑内的大阅览室,可以同时容纳几百人在此自习。从此之后,这间宽敞明亮的大阅览室就成为清华图书馆里一个特殊的单元,吸引着一代又一代学子来到这里看书学习。不管外面的世界怎样喧哗纷扰,一进到这里,只有安静的读书气氛和放得很轻的脚步。(黄中孚摄,档案馆提供)

曹禺（1910—1996），原名万家宝，字小石。中国现代杰出的戏剧家，祖籍湖北，出生于天津，1930年由南开大学转入清华大学外文系，1933年毕业。所著《雷雨》《日出》《原野》和《北京人》等话剧，在中国近现代戏剧史上具有重要影响。曾担任中央戏剧学院副院长、北京人民艺术剧院院长、中国文学界联合会执行主席。1933年大学毕业前夕的暑假里，曹禺在清华图书馆创作了他的经典话剧——《雷雨》。

从下种到结出果实，大约有5年，这段写作的时光是在我的母校——永远使我怀念的清华大学度过的。……我怀念清华大学的图书馆，时常在我怎样想都是一片糊涂账的时候，感谢一位姓金的管理员允许我，进书库随意浏览看不尽的书籍和画册……在想到头疼欲裂的时候，我走出图书馆才觉出春风、杨柳、浅溪、白石、水波上浮荡的黄嘴雏鸭，感到韶华青春、自由的气息迎面而来。奇怪，有时写得太舒畅了，又要跑出图书馆，爬上不远的土坡，在清凉的绿草上躺着，呆望着蓝天白云，一回头又张望暮霭中忽紫忽青忽而粉红的远山石塔，在迷雾中消失……我像个在比赛前的运动员，那样忙迫紧张，从清晨赶到图书馆，坐在杂志室一个固定的位置上，一直写到夜晚10时闭馆的时候，才怏怏走出。

今天清华大学图书馆"清华文库"阅览室内的一角。据记载，1933年的暑假里，曹禺和郑秀每天都在这张桌子旁边相对而坐。正是在那个暑假里，曹禺完成了他的著名话剧《雷雨》。今天，在这张桌子上，立有一块小小的木牌，木牌正面镌刻有曹禺的简介，木牌的背面则镌刻着这样一行字——《雷雨》在这里诞生。

1933年前后与清华图书馆发生密切关系的还有一对著名的学者夫妇——钱锺书与杨绛。钱锺书1929年至1933年间在清华大学外文系读书,而杨绛则于1932年在清华大学借读,1933年考入清华念研究生。在此期间,这对学者夫妇留下了与清华图书馆之间的许多佳话,例如钱锺书曾经放言"横扫清华图书馆"等。杨绛则在后来所写的回忆文章中,这样深情地提到他们与图书馆之间的关系:

> 我在许多学校上过学,但最爱的是清华大学;在清华大学里,最爱清华图书馆。……我敢肯定,钱锺书最爱的也是清华图书馆。⑰

⑰ 杨绛:《我爱清华图书馆》,《不尽书缘——忆清华大学图书馆》,北京,清华大学出版社,5～6页。

1933年杨绛在图书馆大书库里学习。今天,图书馆大书库已经恢复了这样的研究桌椅,不知道现在坐在桌椅前学习的年轻学子们,是否能感受到前辈学长给他们留下来的文化氛围?(马祖圣摄,档案馆提供)

2001年,90岁高龄的杨绛坐在图书馆的大阅览室里,脸上绽开了灿烂的笑容。昔日的花季少女已经变成耄耋老人,但是那份对于清华图书馆的热爱始终如一。

在这一个时期的许多学生的心目中,都留存着对于图书馆的美好回忆。

> 我们还是愿意到图书馆去,那里更安静,而且参考书极为齐全。书香飘满了整个阅览大厅,每个人说话走路都是静悄悄的。——1934届学生季羡林

> 清华大学图书馆好比一个阔海,任凭青年之我在其中作各式的鱼跃。如鱼得水,是幸福,是享受,也是养育。这种经历是一生难忘而乐求再现的。——1935届学生彭桓武

> 六七十年过去了,回想起那时清华大图书馆,特别是大阅览室,它的模样、它的气魄、它的内涵让每一个清华学子总有一番无穷无尽的回味、怀念与感恩,这确是一座并非熊熊大火却是敞开胸怀(两扇大铜门)的大熔炉,称得上是清华学子自强不息的大熔炉。——1937届学生冯新德⑱

⑱ 侯竹筠、韦庆缘主编:《不尽书缘——忆清华大学图书馆》,北京,清华大学出版社,2001年,48、104、8页。

而1931届学生邓尉梅的回忆文章,用形象生动的语言,给我们提供了关于当年清华图书馆的细节:

> 钟声惊醒了沉冷的空气,图书馆的门开着,许多高高低低挤在阶梯上的人影,潮水似的涌进去,他们抢着参考书,占着位子,低下头。有些在参考书架子面前看了一眼,失望地、慢慢地踱进了书库,像尾鱼似的悠悠地游。书库上下三层,全是玻璃砖,灯光照得像白昼一样的亮,铁架上全是书,他们踱进去,凭着

1934年的图书馆阅览室。绿色的台灯灯罩、棕色的软木地板、样式古朴的木质桌椅和埋头读书的学生们,共同构成了一个让曾经在这里学习过的人们终生回味与怀念的环境。(马祖圣摄,档案馆提供)

⑲ 邓尉梅：《他们像贪杯的酒徒抱着酒杯在这儿豪饮》，《不尽书缘——忆清华大学图书馆》，北京，清华大学出版社，2001年，167页。

铁架，或坐在玻璃砖上，抱着一本书，默默地低下头。人虽多，然而一个轻微的咳嗽，也会使许多的目光惊奇，他们像一些辛苦的矿工，在这儿寻找细碎的金屑，像贪杯的酒徒，抱着那酒杯在这儿尽量地痛饮。⑲

朱自清（1898—1948），原名自华，字佩弦，江苏扬州人。中国著名散文家、诗人。著有《背影》《荷塘月色》《桨声灯影里的秦淮河》等脍炙人口的名篇。1920年毕业于北京大学哲学系，1925年入清华大学任教，曾任国立清华大学中文系主任。1935—1936年间，担任国立清华大学图书馆委员会主席兼代图书馆主任。

1935年起，著名文学家朱自清出任国立清华大学图书馆代主任，1936年离职。虽然朱自清担任图书馆负责人的时间并不长，但是他在任上为清华图书馆的建设做出了许多积极的贡献。

1936年，图书馆完成了由施廷镛负责主编的《丛书子目索引》一书，为馆藏的大量古籍丛书提供了更加详细的子目检索功能，是国内最早的此类工具书，极大地方便了读者。时任图书馆代主任朱自清为该书所撰的序言中这样评价：

索引可以说是治学的利器，丛书子目浩繁，索引必不可少。本编由洪范五先生创议，施凤笙先生始终其事，我恰巧代理馆务，得以乐观厥成，是很幸运的。

现保存在清华大学图书馆的朱自清当年使用过的椅子和书架。不知道他的《背影》《荷塘月色》等脍炙人口的散文佳作，是不是坐在这把异常简朴的椅子上面写出来的？（桂立新摄）

早期发展

⑳ 朱自清：《图书馆概况》，《清华周刊》向导专号，1936年6月27日。

朱自清为《清华周刊》撰写的"图书馆概况"，扼要介绍了当时图书馆的主要业务及工作的主要方面。⑳

这张在图书馆大门口拍摄的照片时间不详，从中可以辨识出前排穿西服者为朱自清，据此判断照片应拍摄于朱自清担任代主任的1935—1936年间。（毕可韧提供）

至抗战前夕，清华图书馆藏书已达 36 万余册，其中有名人专著、中外文图书、中外文期刊等，不少为各大学图书馆中所仅见。当时的国立清华大学图书馆已成为国内高等学校中馆舍较大、藏书丰富、管理较为健全的图书馆之一，为学校的教学和研究工作提供了充分的文献保障。

图书馆二期建筑门厅后的门廊。地面曲曲弯弯花纹的大理石，与墙上悬挂着的风光图片相得益彰，使图书馆里显得愈发安静而幽雅。

1920 年至 1936 年，是清华大学图书馆迅速发展的一个时期，早期的清华图书馆如同初升的朝阳，展现出了蓬勃的生机与活力。在此期间，图书馆进行了扩建，完成了惠及此后 60 年的图书馆二期建筑，馆舍条件大大改善。在此期间，图书馆建立了符合国际图书馆行业发展方向的业务部门、工作流程和管理规范，为读者提供更加便捷的、多方位的服务。在此期间，许多知名教授积极为图书馆荐购图书，使得图书馆馆藏文献的数量和质量都有快速提升。在此期间，图书馆形成了良好的学习氛围，莘莘学子在此求知，获取了知识的营养，打下了坚实的学术基础。而当时前后几任的图书馆负责人戴志骞、袁同礼、洪有丰、沈学植、王文山、朱自清等人，为图书馆的建设和发展做出了不可磨灭的贡献。

1940年代的国立西南联合大学图书馆阅览室。

南迁岁月
1937—1945

1931年9月18日,"九一八"事变爆发,日本悍然出兵侵占了中国东北地区。翌年,成立了傀儡政权伪"满洲国",开始了对中国东北地区的殖民统治。此后,随着侵略者野心不断膨胀,日本又开始觊觎更多的中国领土,战争的阴霾迅速地向广大的华北地区弥漫。1935年,日本策划"华北五省自治",企图变华北为第二个"满洲国"。随着日本策动"华北自治"运动日渐频繁猖獗,国民政府在华北的统治几乎化为乌有,广大的华北地区人民日益感受到战争的临近,处于动荡不安之中。"华北之大,已经安放不得一张平静的书桌了!"① 鉴于华北时局动荡,清华大学开始着手进行南迁的准备,而清华大学图书馆也随着学校一起,进入了动荡的战乱年代。

1935年11月,图书馆在朱自清主持下,秘密地进行了紧张的贵重书刊装箱、搬迁工作,从清华园火车站将教研工作所急需的图书、仪器四百余箱装上火车秘密南运。这批南运的仪器资料中有清华图书馆的珍贵的古籍图书,包括馆藏全部宋元版书,以及明清两代的众多古籍,共计6660种,9692函,共12 764册,是当时馆藏古籍的精华。② 南运后暂存湖北汉口上海银行第一仓库,后来这批书籍仪器又根据学校的指示,再次从汉口辗转运送至重庆北碚和云南昆明。

① 《怒吼吧》,第1期,1935年12月10日。
② 刘蔷:《清华大学图书馆藏焚余古籍的整理与研究》,《清华大学学报》(哲学社会科学版)2001年第6期,88～92页。

1935年12月9日，北平市大中学生举行了大规模的示威游行，反对"华北自治"，喊出"打倒日本帝国主义"的口号，号召人民抗日救国，史称"一二·九"运动。图为"一二·九"运动中，清华大学学生的游行队伍在行进中。（档案馆提供）

"一二·九"运动中，清华大学、燕京大学学生的游行队伍受阻于西直门外，清华大学学生陆璀在现场讲演，宣传抗日救亡。（转引自《国立西南联合大学图史》）

由于保密的需要，当时的搬迁工作都选择在夜间进行。工作人员们冒着寒风，将提前准备好的书籍装箱，从图书馆里搬运到车上。图书馆工作人员的一首诗作，形象地反映了当时紧张繁忙的工作和压抑的心情。

图书馆里的灯火辉煌照耀，
千万卷藏书都在发抖。

它们从钢铁的架子，
樟木的架子，往四处走；
走进人的怀抱，
走上大理石的阶，走下楼。
箱子的搬动声，钉锤的响，
汽车的喘息，北风在窗外吼。
这是文学院的书箱，
这是法学院的；理工的，那边有。
你背着手走来了，
是那么严肃而忧愁。
这是善本，这是图谱，
多加一层油纸，卫生球够不够？③

　　1937年7月7日，"七七"事变爆发，日军开始大举向北平进攻。数日后，平津交通断绝，学校部分人员和物资仓促南迁转移。当时正值暑假期间，图书馆职员一半都在休假中。在南迁之前，学校委派化学系张子高教授筹组北平清华校产保管委员会，由毕正宣任主席，设有保管员40名，其中图书馆保管员有毕树棠、余岱东。在战时的严峻形势下，图书馆的保护

③ 马文珍：《清华园集：马文珍诗词选（1927—1997）》，100页。

图书馆大门口，工作人员正在紧张忙碌地搬运着书籍，准备南迁。引自电视剧《水木清华》剧照，该电视剧的故事情节再现了当年的场景。（张克澄提供）

者们尽可能地做着保护工作。从"七七"事变到日军进城期间，工作人员将本馆及各系预装的图书仪器50余箱，及馆中目录卡片和文件等，想方设法运往北平城内存放。7月29日，北平沦陷。8月份开始，日本军队进入了清华园，霸占学校的房屋，劫掠和毁坏学校的资产，包括图书馆的藏书。

从此，清华大学图书馆馆藏图书厄运连连，在八年的时间里不断地遭受着流离失所的折磨和战火的无情摧残。而清华大学图书馆的工作人员也备受磨难，留在沦陷的北平的，要忍受被奴役的痛苦折磨，还要想方设法挣钱养家糊口；随着学校南迁的人员，被迫东奔西走躲避战火，忍受清贫艰苦的战时生活，同时还在战争岁月里为图书馆奉献着他们的力量。

梅贻琦（1889—1962），字月涵，1914年由美国伍斯特大学学成归国，回到清华，曾任物理系教授、教务长等多种职务。1931年起，梅贻琦出任国立清华大学校长，直到1948年12月清华园解放。抗战期间，梅贻琦先后担任长沙临时大学、西南联合大学常委，并主持校务，率领联大师生在抗战的艰苦岁月里克服重重困难办学，创造了中国教育史上的奇迹。（校史馆提供）

1937年8月中旬，当时的国民政府教育部决定，北京大学、清华大学、南开大学合组长沙临时大学，蒋梦麟、梅贻琦、张伯苓为常务委员，主持校务。由于"七七"事变发生突然，三所学校的图书、仪器、设备大部分未能运出，而清华大学先期抢运出的图书仪器暂存在武汉，因交通阻断，一时不能到达，图书仪器极感缺乏。当时又限于经费，无力大批购置。④于是，长沙临时大学与迁至长沙的北平图书馆合作，组成了长沙临时大学图书馆。

④ 西南联大北京校友会编：《国立西南联合大学校史：1937年至1946年的北大、清华、南开》，北京，北京大学出版社，1996年，19页。

长沙临时大学图书馆的组织形式为馆长负责制,馆长一职,由当时的北平图书馆馆长袁同礼兼任。为充实图书设备及处理馆务起见,合组建立了图书馆委员会。⑤

1937年11月1日,长沙临时大学开始上课,这个日子以后就作为了西南联合大学的校庆日。开课之后,师生们对图书资料的需求非常迫切,而在当时的特殊情况下,馆藏严重匮乏的临时大学图书馆却无法满足基本的教学需求。当时,长沙临时大学文学院院务委员会就曾因为"图书不敷应用"致函长沙临时大学常委会,希望"长沙本校图书馆,所有关于文学、哲学、心理、教育之杂志,无论其归何处所有,请借至分校图书馆陈列,俾资参考,实为公便"。⑥为了便于师生们研究阅读,临时大学图书馆采用了开架借阅制度。刚开始的时候,仅开辟两间教室作为阅览室,后来又将长沙临时大学的大礼堂改为阅览室,每天开放时间为11个小时,每天到馆700余人次。

在1938年2月的《长沙临大图书馆馆务报告》中可以看到,当时的图书采购方针是"与教学有关者为当务之急,求实而不讲究版本"。⑦在当时严峻的战争环境下,为了使国人了解抗战中的国际形势,图书馆还专门收集抗战资料,将国内外报章的相关报道进行搜集剪裁,编制索引,计划将来印成专书《抗战中之国际舆论》,以"供编纂战史者之参考"。在艰难的抗战时期,考虑到将来国家欲图复兴,必须发展工业,临时大学图书馆利用北平图书馆所订约300余种西文工程期刊,编制工程期刊索引,为检阅、汇总工程文献提供便利。

湖南圣经书院照片,1937年秋,长沙临时大学租借该场所作为教学楼。(校史馆提供)

⑤ 王学珍、江长仁、刘文渊主编:《国立西南联合大学史料》第6卷,昆明,云南教育出版社,1998年,277页。

⑥ 王学珍、江长仁、刘文渊主编:《国立西南联合大学史料》第6卷,昆明,云南教育出版社,1998年,278页。

⑦ 王学珍、江长仁、刘文渊主编:《国立西南联合大学史料》第6卷,昆明,云南教育出版社,1998年,280～286页。

1937年12月底,南京失陷,武汉震动。长沙临时大学准备迁往昆明,临时大学图书馆又开始将藏书装箱,准备运往云南。此外,学校方面还征得中央研究院心理、社会、历史语言三个研究所的负责人同意,将他们存放在湖南的图书,全数借给临时大学图书馆,由本馆负责运往云南。其中包括历史语言研究所图书200余箱,心理所及社会所各数十箱,连同临时大学图书馆所藏图书共计900余箱,于1938年3、4月间,经由香港从海上运至越南海防,再从海防辗转运至云南昆明。

1938年春,学校又派出图书馆工作人员唐贯方、机械系年轻教师董树屏等人员专门奔赴汉口,抢运滞留于此地的417箱南运图书仪器,经过4个月的艰辛工作,终于将该批资料完好运至重庆北碚。

右图为重庆北碚清华图书储藏室的保管钥匙和存箱单,以及写在"经济部中央工业试验所用笺"上的凭条。经历了那个年代的战火,保存至今。钥匙牌上写有"北碚图书储藏室清华大学钥匙"等字样。

1938年4月,长沙临时大学更名为国立西南联合大学,大学本部设在昆明,分部设在云南蒙自。10月国立西南联合大学开学,由于当时的条件限制,联大文、法、理三学院,借云南省立农业职业学院校舍上课,而工学院则设在昆明市拓东路。长沙临时大学图书馆相应改为西南联合大学图书馆,在云南农校设立了总馆,在拓东路设立了工学院分馆。

国立西南联合大学校门,虽然简陋到有些寒酸,但是它是那个时代里中华民族教育事业不屈不挠的象征。(转引自《国立西南联合大学史料》总览卷首图)

万里长征,辞却了五朝宫阙,暂驻足衡山湘水,又成离别。绝徼移栽桢干质,九州遍洒黎元血。尽笳吹弦诵在山城,情弥切。

千秋耻,终当雪。中兴业,须人杰。便一成三户,壮怀难折。多难殷忧新国运,动心忍性希前哲。待驱除仇寇复神京,还燕碣。

这首西南联大校歌,唱出了那个特殊的时代,西南联大三校师生克服艰难险阻,坚守中国教育事业的决心。如同西南联大教授陈岱孙所说:"身处逆境而正义必胜的信念永不动摇;对国家民族前途所具有的高度责任感,曾启发和支撑了抗日战争期间西南联大师生们对敬业、求知的追求。"⑧ 这种追求也成为一个信念,支撑着清华图书馆的工作人员无论身在何处,无论是在西南联大图书馆还是在清华图书部,都在勇敢

⑧ 西南联合大学北京校友会编:《国立西南联合大学校史:1937至1946年的北大、清华、南开》,北京,北京大学出版社,2006年,序。

战争年代的图书馆印鉴,也具有了特殊时期的特点。左图为长沙临时大学图书馆印章,中图为国立西南联合大学图书馆印章,右图为设在昆明的清华大学图书部的印章。

地面对和克服困难,在艰难的战争岁月里,兢兢业业地坚守着自己的那份图书馆事业。

清华图书馆工作人员唐贯方摄于才盛巷清华大学办事处,他是当时清华办事处图书部的四位图书馆员之一。1938年春,唐贯方遵照学校指示去汉口将清华存放于此的一批古籍善本和贵重仪器运往重庆,船到宜昌时,赶上了大撤退而受阻。唐贯方食宿在码头,身穿雨衣,背挎工具袋,手持钉锤,日夜守护400余箱图书、仪器。三个月后,终于弄到船只,历时十多天,成功地将它运抵重庆北碚安置。⑨(唐绍明提供)

⑨ 唐绍明:《务本务实,自立自强:怀念我的父亲唐贯方》,《清华校友通讯》复35期。

⑩ 五个特种研究所分别为:农业研究所、航空研究所、无线电研究所、国情普查研究所、金属学研究所。其中农业研究所分为病害组、虫害组和生物组。

清华大学南迁至昆明后,在当地一个叫才盛巷的地方设立了清华办事处,机构有校长办公室和教务处,下设注册部、图书部、体育部和秘书处。其中有四位图书馆职员随学校南下,他们隶属于清华办事处下的图书部,主要工作是收受及清理北平转来的图书期刊。因为战时人手紧缺,清华图书馆的四位南下职员除一人调往教务处,一人调往联大图书馆,一人押运汉口存箱移存重庆外,只有一人留在办事处图书部工作。此时,独立于西南联大图书馆之外,隶属于清华办事处的清华图书部依旧在运转中,虽然工作人员极少,但工作却从未停止。

1938年暑假后,西南联大的教学科研等各项工作逐步开展起来。而由于西南联大图书馆刚刚成立,运送过来的图书期刊根本无法满足师生的需求。为此,清华大学决定将从汉口运送到重庆的图书,一部分运到云南来,供联大师生使用。

而清华图书部的主要工作任务就是接收从外地转运来昆明的清华图书并配送给联大各院系,还要为清华大学除参加联大之外自己保留的五个特种研究所服务。⑩

在图书购置方面,由于战争的影响,南北交通阻隔,邮递不便,与国外书商的沟通非常困难,这些复杂的因素为书籍的采购造成了很大的障碍。在登录及编目方面,虽然条件艰苦,但是收到新书之后,都要进行登录编目加工。在阅览方面,由于学校所属的各个研究所散居昆明各处,各个研究所都建立了自己的图书室,因此清华图书部没有设立阅览功能,新书编目完毕,就登记造册,送交各研究所图书室。西南联大各系可以通过联大图书馆,转借清华图书部的书籍。

1938年冬起,存放在重庆的清华图书馆藏书陆续运至昆明。先提运41箱,后又提运95箱,共计136箱,23 000余册,这些书籍都是联大各系和本校研究所迫切等待着的,开箱验收之后,即刻送交联大图书馆转交各系。这项工作手续繁复,每开箱一次,到手续完结,都要花上四五天的时间。

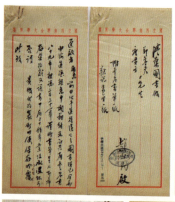

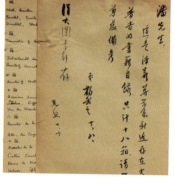

上左:电机工程系赵正民教授写给当时清华图书馆工作人员郑善夫、唐贯方的便笺,说明该系的南运图书已经全部由重庆运至昆明,并请求图书馆帮助修复其中受损的图书。

上右:地学系冯景兰教授便笺,说明该系的图书仪器已运来昆明。

下左:政治学系浦薛凤教授便笺,核对该系存放在重庆的书籍号码,并敦促清华办事处尽快运滇。

下右:数学系杨武之教授写给图书部负责人潘光旦先生的便笺,附有算学系存放在大普吉镇的清华图书馆的18箱书籍的目录。

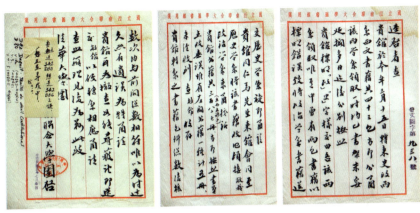

上图为国立西南联合大学图书馆发给清华大学图书馆的公函,内容是关于清华图书馆发往西南联大历史系、政治系的书籍的清理核对工作。

今天,我们在图书馆保存下来的历史文件当中,找到了这样一批抗战时期的函件,主要是各系负责人写给清华图书馆(图书部)的关于从重庆向昆明运送图书的信函。这些往来的信函使我们能够了解当时清华大学各系运往南方的图书资料的情况,也使我们能够感受到在艰苦的战争岁月里,清华图书部工作的紧张繁忙与一丝不苟。

在抗战期间,清华图书部借给西南联大图书馆及各系图书计5661册,期刊984册,借给各研究院图书225册,期刊184册,共计不下7000余册。其余10 000余册留存馆内,供人阅览。另外,在昆明订购西文书4000余种,西文期刊300余种,中文书亦随时增补。1941年太平洋战争爆发,清华办事处被炸,清华图书部迁到了昆明郊外的大普吉镇,继续开展工作。至复校前,西文新书登录3867册,中文961册。⑪

在那个战乱的年代里,只有几个人的小小的清华图书部仍然顽强地支撑着、运转着、存在着,为清华各研究所的师生、为西南联大的师生们服务。即便购到新书册数亦不下于他校。所缺少的,仅仅不设阅览部分而已。在当时的情况下,只有斗室两间、职员3人,馆舍狭隘,稍有书来,便觉拥挤不堪。职员人手

⑪ 清华大学校史研究室编:《清华大学史料选编》第4卷,北京,清华大学出版社,1994年,68页。

1939年建成的西南联大图书馆,引自《国立西南联合大学史料》总览卷首图。

不足,工作进度容易因偶发事件而打断。⑫

1939年夏,西南联大在昆明大西门外的西郊建成了新校舍,西南联大开始有了新的图书馆。在新建的图书馆内,有大阅览室1间、书库1座、办公室4间、期刊阅览室1间、期刊库1间。大阅览室室内陈设阅览桌108张,每张可容4至6人同时阅读。书库可容纳图书5万册。至此,西南联大图书馆已经具备了一定的条件,可以为战时的联大师生提供相应的服务了。

除总馆之外,在位于拓东路的工学院也设有阅览室,是用一所会馆的大殿改造的。阅览室有两层,楼上是期刊阅览室,楼下是图书阅览室。共设阅览桌40张,每张可容4至6人同时阅读。在大西门外师范学院也设有图书室,图书室分内外两间,外间为阅览室,可容纳百余人同时阅读;内间为书库,置书架10余座,可藏书数千册。

总馆陈列的书籍,以一般性质的书籍和普通参考书为主。而特殊性质的书籍,则分置各学院阅览室。各系特别需要的图书,则由该系负责人向总馆借取后,置于系办公室,以供阅读。西南联大图书馆因战时岁月,交通困难,经费有限,因此,数年之间所购之书,为数甚少。1940年,英国牛津大学等学校赠送了一批教学参考书,之后也得到其他各处捐赠的图书期刊。

⑫清华大学校史研究室编:《清华大学史料选编》第3卷,北京,清华大学出版社,1994年,55页。

西南联大图书馆阅览室内，战争年代的大学生们明白自己的肩上肩负着民族兴亡的责任，刻苦学习。引自《国立西南联合大学史料》总览卷首图。

到1940年，西南联大图书馆所藏中文图书34 106册，西文图书13 900册。而清华大学图书馆藏书，运至昆明者，除一部分存各研究所外，多数存在各系办公室，供本校师生之参考。南开大学图书馆运昆图书，大约15 000余册，设馆于西山，每周由本馆派人往返取书一次。北平图书馆将最近由美国运来的新书，约近1000册，借给本馆使用。[13]

西南联大图书馆先后制定了若干管理办法，如阅览室管理办法（1939年1月31日第102次常务委员会通过）、教职员借书规则（1939年1月31日第102次常务委员会通过）、四年级学生借用论文参考书（1939）、进入书库办法（1939年12月）、目录使用办法（1939）、指定参考书管理规则、期刊日报借阅手续、不陈列期刊领阅办法（1939年1月31日第102次常委会议通过），等等，对诸多方面进行了规定。

由于图书馆藏书难以满足需要，所以一般图书均不出借，而对于特殊情况必须出借的图书，则在借书数量、借书者权限、还书日期等方面进行了比较多的限制。例如，在《西南联大图书馆目录使用办法》中，明确指出，"本馆书库今后采用严格封锁制"。[14]而因违反《西南联大图书馆指定参考书管理规则》，擅自携带指定参考书出馆或闭馆时不归还，被记过、通报处分的学生大有人在。有的教科书，则大都是高年级学生用过之后，转售给低年级的学生——"代代相传"。[15]

[13] 王学珍、江长仁、刘文渊主编：《国立西南联合大学史料》第6卷，昆明，云南教育出版社，1998年，287~290页。
[14] 王学珍、江长仁、刘文渊主编：《国立西南联合大学史料》第6卷，昆明，云南教育出版社，1998年，300页。
[15] 西南联大北京校友会编：《我心中的西南联大——西南联大建校70周年纪念文集》，北京，清华大学出版社，2008年，41页。

图书馆内用废汽油桶、木箱叠架起来的书架。学生们在异常艰苦的环境中学习（北京大学校史馆提供）。转引自《国立西南联合大学图史》，124页。

　　至于各阅览室的开放时间则稍有不同。大阅览室每天自早上7∶30至晚上21∶30连续开放，书库借书则以学校办公时间为限。其他阅览室，除按学校办公时间开放外，晚上还面向读者开放。关于书籍流通方面，借书分为三种：指定参考书、学生阅读普通书、教职员及研究生借用参考用书。指定参考书每天借阅者很多，大约每天三四百人，临近考试时则人数加倍。学生借用普通阅读书，每天也有百数十人。借用图书范围，主要以文学、社会科学为多，理工类图书次之。教职员、研究生、四年级学生借书，每天也有数十人，主要集中在开学之初、放假前后及新书到馆时。

　　在那个炮火纷飞的年代里，西南联大的师生在爱国精神的激励下，秉持"刚毅坚卓"的校训，在当时异常艰苦的条件下，发愤努力地学习和工作，产出了一系列研究成果，培养了一大批杰出的人才，创造了中国教育史上的奇迹，在国内外教育界赢得了声誉。师生关系因住宿的拥挤而心灵上格外的亲近，因书籍的难于获取，而激发了古代书院式的教学方式。老师们怀抱书生救国的热忱，远来边陲，坚持"穷且益坚，不坠青云之志"，传道授业，弦歌不辍，潜心学术。长期居留美国的林语堂先生在1943年12月参观联大后，对学生的讲演中说："你们的物质生活不得了，你们的

欢送从军的同学。转引自《国立西南联合大学图史》，130页。

精神生活了不得。"这个评语一时被传为美谈。⑯

据《联大八年》记载，那时候同学学习很紧张，教师分配在工校、昆南、昆北、新舍四处，每下课十分钟跑煞同学，图书馆里要抢位子、抢灯光、抢参考书，教室里有人隔夜就占位子的。拥挤在图书馆前的同学，有一次竟为云南朋友误认为是抢电影票。⑰

据1947届学生王俊鹏回忆："西南联大新校舍是一色的土坯平房，只有屋顶可资区别：学生宿舍和办公室是茅草屋顶，教室是铁皮屋顶，唯独图书馆和东西两食堂的屋顶是瓦盖的。在一片平房中，图书馆以其高大的外观犹如羊群里的骆驼，自然成了北院教学区的中心。它的阅览厅很宽大，整齐地排列着几十张长方桌，可同时容纳几百人就座阅览。大厅的北侧是借书处连着书库。南侧靠窗户一带，是学生抢座的首选地带。"⑱

在联大学生胡邦定的回忆中，图书馆座位永远都那么紧张，书籍供不应求。

联大学生宿舍灯光太暗，晚上根本没法看书。出路只有两条：一是到图书馆抢座，说抢，是因为图书馆座位不够。以我入学的1942年为例，文、理、法三院共有1600多名同学，而共用的新校舍大图书馆仅能容800人。粥少僧多，只有"抢"，才能有一席之地。

⑯ 西南联大北京校友会编：《我心中的西南联大——西南联大建校70周年纪念文集》，北京，清华大学出版社，2008年，14页。
⑰ 清华大学校史研究室编：《清华大学史料选编》第3卷，北京，清华大学出版社，1994年，450页。
⑱ 侯竹筠、韦庆缘主编：《不尽书缘：忆清华大学图书馆》，北京，清华大学出版社，2001年，245页。

左图为在1940年日军轰炸中被焚毁的图书馆部分古籍,战后该批古籍被运回学校,并一直存放在图书馆里。2000年起,图书馆科技史暨古文献研究所在学校领导和教育基金会支持下,立项对该批古籍进行修复,至2001年90周年校庆前完成。此项工作共有国内7家古籍修复单位参与,修复焚余古籍2358册。右图为修复之后的焚余古籍,为了纪念该批书籍曾经遭受的劫难,专门为该批古籍制作了绛红色的函套存放。

图书馆每晚7点开门,6点一过,就有人陆续到门口等候。大门一开,黑压压的一大片人蜂拥而入,那阵势却也相当壮观。"抢"图书馆的主要是男同学,女生极少,因为她们挤不过男同学;挤进去之后,有人不仅自己占个座,还要用书本、笔记夹,乃至椅垫之类,为好友代占一两个座位。有的男同学为了照顾自己熟识的或心仪的女同学,每天特别殷勤地为她占个座。这无疑是比请吃"焖鸡米线"更受欢迎的"骑士行为"。[19]

1940年夏,日本占据了越南,中国西南的大部分地区成为日军飞机可以覆盖的区域,从此,日军飞机加紧了对中国西南地区的野蛮轰炸。1940年6月,储藏在重庆北碚的清华图书馆12 764册古籍图书遭到日军飞机轰炸焚毁,经学校组织人力抢救,仅获得烬余书2300余册,10 000多册馆藏的珍贵古籍图书付之一炬。

这一时期昆明也时遭空袭。为安全计,将一部分较重要图书装箱移至郊外。1940年10月2日,联大常委会(第157次)决议,联大图书仪器,能运川者运川;暂不能运川者,理、工学院图书仪器移至大普吉镇清华研究所存放,图书馆书籍移至龙头村或岗头

[19] 西南联大北京校友会编:《我心中的西南联大——西南联大建校70周年纪念文集》,北京,清华大学出版社,2008年,414页。

1941年8月西南联大校舍被炸后的照片，断瓦残垣，一片狼藉。引自《国立西南联合大学图史》，130页。

村北大校舍内存放。联大与北平图书馆合组征集中日战事史料委员会之图籍，可由联大移运至川。[20]1940年11月，由于战事发展，在四川叙永成立了西南联大分校，在分校又设立了图书馆叙永分馆。叙永分校的物质条件比昆明更差，晚上没有电灯，学生们只能用桐油的小油灯照明，点燃时黑烟缭绕。"每天晚饭后，学生们一灯在手，联袂穿街过巷到图书馆去，也颇为壮观。"[21]1941年冬，分校迁回，分校图书馆亦取消。

1941年8月，日军飞机轰炸了西南联大校舍。据当时报刊相关报道，敌机分三批，先后投弹数十枚，炸毁学生宿舍、教室、实验室多处。而其中"图书库被毁，内有清华名贵图书甚多，悉成灰烬"。[22]

自滇缅路被日军封锁后，外来图书期刊运输渠道受阻。1943年秋，重庆成立了国际文化资料供应委员会，该委员会将英美最新出版的多种期刊，摄成胶片，空运至中国，分给各文化中心与各大学应用。在昆明方面，以西南联大为中心，先后寄来胶片4000余卷，全部都是英美最近两年出版的期刊。为提供胶片阅览，西南联大图书馆设有幻灯两座。另外，昆明还有流通处12所，每处设幻灯1架，由图书馆负责监制分借胶片。这种独特的胶片阅读、流通的方式，在纸本期刊不能寄达之际，发挥了很大的作用。

[20]《国立西南联合大学史料》第2卷，昆明，云南教育出版社，1998年，153页。
[21]《国立西南联合大学校史：1937年至1946年的北大、清华、南开》，北京，北京大学出版社，1996年，64页。
[22]《清华大学史料选编》第3卷，189页。

西南联大时期的清华图书馆职员马文珍。(马缘生提供)

(一)

颠沛流离病入滇,青山点点展愁颜。
背负行囊寻住处,五华灯火已阑珊。

(二)

警报频传昼夜惊,防空管制动山城。
极目远天寻战斗,弹坠云端震耳聋。

(三)

余火硝烟绕翠湖,后方前线两模糊。
一片残阳红似血,坚守空楼整理书。[23]

上面的三首诗是当时的图书馆工作人员马文珍所作,留下了战争年代一位图书馆人的经历和感受。2008年荣获国家最高科技奖的植物学家吴征镒,在六十多年之后,还清晰地记得那个年代在昆明的大普吉镇,他和这位身体瘦弱、但雅好文艺的馆员之间因为对昆曲的共同爱好,曾经有过的交往。吴征镒在他的文章中还专门提到了马文珍当年写给他的诗句:"黄昏饭后故人来……满窗明月照瑶台。"[24] 在抗战的大后方,一位年轻的助教和一位图书馆员共患难,留下了一段友谊的佳话。

1942年,清华图书馆在艰难的战争年代迎来了建馆三十周年。清华图书馆人在那段艰苦的岁月里,颠沛流离在中国遥远的西南边陲,忍受着战争时期的资源短缺和生活困苦,在时常遭受日军飞机轰炸的恐怖气氛中,与书籍相伴,坚守在西南联大图书馆和清华图书部的岗位上,用他们的坚定的信念和坚韧的执着,

[23] 马文珍:《清华闲集:马文珍诗词选(1927—1997)》,65页。
[24] 邓景康、韦庆媛主编:《邺架巍巍:忆清华大学图书馆》,北京,清华大学出版社,2011年,3页。

坚守着一份图书馆人的责任，表现出一种中华民族勇敢面对战争岁月的艰辛和苦难的刚毅坚卓的精神。

抗战期间，位于北平沦陷区的清华园，更是遭受到了惨重的洗劫。

1937年8月5日，日军进入清华园，强占校舍，开始限制从校内向外搬运公物。当时图书馆中仍藏有中西文图书、期刊，还有尚未编目完成的部分丰华堂藏书，大约数十万册，已经无法运出校园，只能在采取一些措施封堵门窗后，将其继续留存在图书馆里。自10月3日起，日军开始骚扰校园，并劫夺学校物资，"为敌军自由窃取本校什物之始"[25]。10月13日，日军牟田口部队强占校舍。至1938年，侵占校舍的行为变本加厉。

二月二十七日自昨日起，无日驻军通行证已不能出进校门。今日终日在图书馆作封窗锁户之最后工作，此后即不能自由再来视察矣！"五月十四日至十六日现在只剩一图书馆尚未劫空，三天两头出事儿，眼看也保不住了！这三天内，图书馆门窗被破开，受日本驻军及西苑宪兵队审问威迫、辱骂、反复挫折，忍气吞声，总算告一段落，疲惫已极了！"[26]

当时接受委托保管学校图书的馆员毕树棠，把那段黑暗日子里的经历和磨难，都记在了日记中。

1939年春，日军又将清华园改成152陆军医院，图书馆内剩余下来的存书被抢掠、焚毁，洗劫一空。而图书馆建筑则变成了日军野战医院的院本部所在地。

清华园中的浩劫深深地刺痛着远在西南边陲的清华人。1942年，梅贻琦校长在《抗战期中之清华》（三续）中沉痛地向校友提到"故园之情形"：

据最近由平南来校友叙及，清华园仍为敌人占作伤兵医院。大礼堂中一部分之坐椅最初曾遭破坏，逮敌人亦用以为集会之所，始不再续予损害。图书馆之出纳部分为会客室，阅览室为食堂，书库内藏书，西文书之贵

[25] 清华大学校史研究室编：《清华大学史料选编》第3卷，北京，清华大学出版社，1994年，17～21页。
[26] 朱育和、陈兆玲主编：《日军铁蹄下的清华园》，北京，清华大学出版社，1995年，105页。

重部分被掠一空，运往敌国；中文部分近年出版之各种期刊，悉遭焚毁。其他中西典籍，於去秋扫数移至伪北京大学，于是插架琳琅之书库，以告一空矣。[27]

1944年4月，梅贻琦继续在《抗战期中之清华》（四续）中，向校友报告了图书馆与书库被蹂躏的情形：

清华大学图书馆，被占用后，即作为病院之本部，除新扩充之书库外，其他部分，殆全被利用，楼上大阅览室为普通病室，研究室为将校病室，办公室则为诊疗室、药房之类。病者多系骨伤，故病室多标为"骨伤病室第几××"等字。各阅览室、研究室、办公室内之参考书及用具，多被移集一处，有移入书库者，有焚毁者，亦多有不知下落者。[28]

作为一名日本侵华士兵，市川幸雄于1939年来到了中国，在北平南郊的南苑机场服役，负责为日本战

[27] 清华大学校史研究室编：《清华大学史料选编》第3卷，北京，清华大学出版社，1994年，30～31页。

[28] 清华大学校史研究室编：《清华大学史料选编》第3卷，北京，清华大学出版社，1994年，36页。

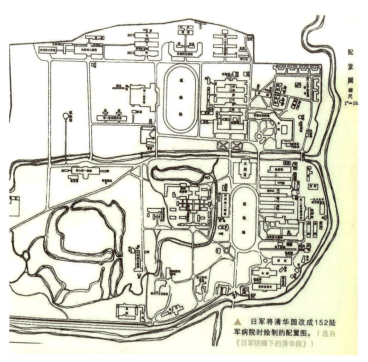

▲ 日军将清华园改成152陆军病院时绘制的配置图。（选自《日军铁蹄下的清华园》）

由日本侵略军绘制的152陆军病院配置图，其中图书馆建筑的主体位置标示着"本部"，西侧翼部分标示"骨伤本馆病栋"，馆东南角标示"炊事及汽锅室"，馆后标示为"书类烧场"。引自《日军铁蹄下的清华园》插页。

机进行维护。1940年2月,一次骨折受伤,使他和清华园之间发生了意想不到的联系。

受伤之后的市川幸雄被送到了152陆军医院进行治疗,于是这个小个子日本人住进了清华园。在他的眼睛里,他意外地来到了一个非常美丽的地方。

这里不是临时搭起来的简陋病房,而是些很漂亮的、砖造的或钢筋混凝土结构的西洋古典式建筑。这些严整地布置在宽阔的校园里的建筑物,被当成了病房。面对这宏大庄重的建筑群,我吃了一惊。

这所大学创建于1911年,是一所以悠久历史和优良传统夸耀于世的名牌大学。日本军以胜利者自居,把中国的英才们从这里赶出去,把它变成了野战医院。……也许是战争的宿命吧,这样一所漂亮的大学竟然变成了战地医院。在即将出院时,我突然想到,从这所大学被赶出去的学生们流落到何处了呢?他们现在在干什么呢?㉙

左图为养伤的市川幸雄(前坐者)和来看望他的日军士兵在大礼堂前合影。右图为日本演艺界人员来慰问伤兵,在图书馆门口合影。(引自《悲惨的战争——我的回忆》插图)

1994年市川幸雄携儿子重访清华园,与清华大学图书馆负责人合影。

1994年,市川幸雄重返清华园,带来了他自己写的书《悲惨的战争——我的回忆》,他把此书赠送给清华大学图书馆,作为一个日本军人对那场战争的反思和忏悔。他在书的前言中写道:"伤害邻国的行为绝不能再重演了,我发誓要把这种心愿传给子子孙孙。"

1945年8月15日,日本宣布无条件投降。消息传来,举国欢庆。1952届校友唐绍明当时还是一个十几岁的大男孩,随父亲唐贯方住在昆明郊区的大普吉

㉙ 市川幸雄:《悲惨的战争——我的回忆》,北京,清华大学外事办公室,1990年,23、26页。

镇。他清楚地记得那个晚上，原本宁静的乡村突然被一阵喊声唤醒："Unconditional Surrender！"是清华大学无线电所几位年轻人从自制的收音机里首先听到了日本无条件投降的消息，他们的欢呼唤醒了住在乡村的人们。大普吉镇立刻就沸腾了，人们涌出家门，奔走相告。然后，他们就听到了附近美军军营驻地的美国兵向天鸣枪庆祝，仿佛欢庆的鞭炮响成一片。㉚

抗战结束了，在西南边陲坚持了八年的清华人将要返回他们的故园。而在外颠沛流离了许久的馆藏图书，也将会回到它们本来长久的、安定的居所。西南联大设置了图书迁运委员会，聘请周炳琳、冯友兰、叶企孙、施嘉炀、潘光旦、董明道为委员，并请周炳琳为召集人。这个专门委员会的职责，就是准备着把各所学校的图书从昆明再次运回遥远的北方。

1946年5月4日，西南联大师生在新校舍图书馆举行结业典礼，梅贻琦宣布西南联大正式结束。北京大学、清华大学和南开大学三校合并的西南联合大学到此画上了句号，三所大学将要翻开它们各自的新的一页。在特殊时期建立起来的西南联大图书馆的使命也结束了，三所学校图书馆的工作人员将回到各自的校园，去进行他们的战后重建工作。

㉚唐绍明：《抗战期间清华图书馆印象记》，《邺架巍巍——忆清华大学图书馆》，146～147页。

1946年5月4日，在西南联大的集会上，梅贻琦宣布联大结束。（校史馆提供）

战后的图书馆大阅览室堆放着寻回的书籍,摄于1946年。

战后重建
1946—1948

1945年8月15日，日本宣布战败投降，第二次世界大战以世界人民反法西斯战争的胜利而结束。消息传出，在战争的苦难中熬过了十四年的人们欢欣鼓舞，奔走相告。战争结束了，国立西南联合大学的使命完成了，清华大学面临着战后重建的新的使命。百废待兴，远在西南边陲的清华大学的师生们，在筹划着早日返回北方的家园——清华园。他们知道，那个地方经过战争的蹂躏，已经是千疮百孔、面目全非了。

在学校的统一组织之下，一批批先遣人员开始陆续返回北平，对战后的清华园进行接收、整理和修葺。摆在面前的任务复杂而又艰巨：要尽快地将南运的仪器和图书等运回，尽快恢复学校的房舍和设施，让返校的师生有地方可住，有书可看。清华大学图书馆也和学校一起积极投入了战后重建的工作当中。

1945年10月16日，平津区教育部特派员邓叔存，清华大学校长特派本校接收委员陈福田、张子高等人返回学校，正式开始办理接收事宜，在图书馆举行了接收仪式，责成日方必须交还学校校舍，赔偿损坏的图书、仪器、机械、家具等，追回借出的图书、仪器、家具等物。自此，开始了从日本占领者手中接管校园的接收工作。

11月7日，在昆明召开的第58次校务会议通过

1945年11月,从大西南返回清华园的接收人员在二校门前升旗,宣告清华园主人的回归。照片下面题写的一句英文说明:"We are back",道出了重回清华园的喜悦心情。(校史馆提供)

战后重建

了"关于复员问题的报告和决议",组织北平校产保管委员会,以便校产的接收工作,聘请陈岱孙、陈福田、张子高、邓叔存、毕正宣为委员会委员,陈岱孙为主席。11月30日,学校开始接收土地房舍。在接收的过程中,校方克服了军队当局与日方的种种拖延、不合作行为,努力开展工作,至1946年7月中旬,包括图书馆在内的学校校舍才全部接收完毕。校产接收工作中有种种的艰苦和不易,但是今非昔比,胜利后的清华人终于可以在自己的家园里挺起胸膛来了。参与此项工作的何汝辑在《校产接收日记》扉页上感慨万分地写道:"有清华,才有我们。有大众,才有我个人。"①

被日军蹂躏长达八九年的清华园,满目疮痍。当时的校产保管委员会主席陈岱孙在50年后回忆起当时的情景:"当年清华大学图书馆分为两翼,共有3大间普通阅览室,室内共陈列着60多张的长阅览桌,配以624张特制的、舒适的阅览椅子。在我们接收图书馆时,阅览室却改为普通病房和手术室,旧家具设备全

① 朱育和、陈兆玲主编:《日军铁蹄下的清华园》,北京,清华大学出版社,1995年。

然不见了。后来,我们在图书馆楼下一个小角落里居然如获至宝地发现了一张原来的旧阅览椅子。后来我们就是用这张椅子,作为模型,为图书馆三大阅览室恢复旧观的。"②

陈岱孙在接收委员会办事处工作,照片下方的说明文字为:"Seven Days' A Week",每周七天都在工作,说明当时学校接收工作人员是多么辛苦。(校史馆提供)

抗战期间,清华大学图书馆损失惨重。日军占据之时,大批书刊被劫掠、毁坏,留在馆内的书刊被发交北大图书馆、伪新民会、伪教育总署等处,书库里的钢铁制书架也被拆卸瓜分,阅览桌椅、目录柜等均荡然无存。据1945年12月19日的"清华大学图书损失简报"统计,除去从伪北京大学图书馆及伪近代科学图书馆等处查得174 271册图书尚存外,抗战期间图书馆损失书刊达175 720册,包括在重庆北碚被日军飞机炸毁的部分古籍图书,而战时自海外运来途中损失的部分尚不计在内。③

战后重建过程中,图书馆积极追讨回来不少当时被瓜分走的馆藏书刊。陈岱孙在《日军铁蹄下的清华园》一书的序言中专门提到此事:"在这些无情的设备、物资的掠夺中,居然有一种物资的残余后来得以珠还,那就是图书馆的部分图书。……清华大学保管委员会,于1945年11月30日先接收了旧图书馆后,即开始和市内各藏有清华图书单位联络,陆续将之收回。虽然这收回的图书只是原馆藏图书的小部分,但

② 朱育和、陈兆玲主编:《日军铁蹄下的清华园》,北京,清华大学出版社,1995年,序。
③ 朱育和、陈兆玲主编:《日军铁蹄下的清华园》,北京,清华大学出版社,90页。

④ 朱育和、陈兆玲主编：《日军铁蹄下的清华园》，北京，清华大学出版社，1995年，序。

在大规模劫掠之余，居然能索还哪怕只是少量残余，仍然是值得一记的。"④

陈岱孙提到的"值得一记"的成功追讨馆藏图书的工作，浸透着一位馆员的心血。1945年12月至1946年7月，图书馆职员毕树棠完成了五次《整理图书馆工作报告》，报告中完整地记录了被劫走瓜分到各处的清华图书馆馆藏图书及书架、家具等物品逐一调查、收集、清理、运回等工作过程。首先，是对涉及清华被劫图书及物品的伪北大图书馆、伪北大文学院、伪近代科学馆、北平市党部（自伪新民学会接收）、北平图书馆、中南海瀛台等处进行一一调查，编制书籍物品清单。自1946年1月7日开始向回搬运北大文学院楼下所存的图书杂志，每天征用驻清华日军病院的三辆载重汽车搬运，由12名日本工作人员担任装卸，运回了当地全部书刊，以及图书馆的书库钢架、卡片目录柜等。自1月16日起，又陆续开始点收和装运北大图书馆的清华藏书，这项工作一直持续到5月31日，共计装运西文书186箱，中日文书299箱，此外还有家具、书挡等。1946年6月2日，开始进行伪近代科学馆图书装箱及运送工作，共计装136大箱，还有伪近代科学图书馆的清华图书馆书库钢架、铁书挡、

毕树棠整理接收图书的工作照。拍摄地点在图书馆的阅览室里，地上堆放着接收来的书籍。图中后立者为学校保管委员会委员张子高。（毕可制提供）

卡片目录柜等物品，均经清点，分装6卡车，于6月28日运回校内图书馆。

同时，还接收了北平市党部、第11战区司令部、北平图书馆等处的部分清华图书物品，以及部分零星藏于个人手中图书。此外，还追回了日军151兵站天坛分院、日军152兵站病院借走的清华馆藏图书。而原先存在中南海瀛台的部分清华藏书，则由于市党部相关人员的不负责任而任由其散失。抗战胜利之后清华的藏书还会遭受这样的损失，令经历者毕树棠感到"愤慨不置"。然而，比起抗战期间图书馆藏书的损失来说，这只能算是小损失了。

至1946年7月，清华图书馆的图书追讨回收工作基本结束。

从1946年5月开始，学校陆续筹划将南运的仪器、书籍等运回北平。据《国立西南联合大学校史》载："为了应付开学时的需要，第一批急运的图书仪器计625箱（重69吨），由常委会主席会同三校代表，联合迁移委员会主席等，与承运商裕和企业公司签订合同，限三个半月内运到平津。7月中旬由徐璋等5

运回来的图书堆放在大阅览室的地上等待整理，经过了近十年的辗转，这批清华图书馆的馆藏能够重新找回，值得庆幸。许多人为此做了大量艰苦的工作。从地上散乱地堆放着大量书籍看来，显然当时图书馆还处于未开放的状态。（毕可韧提供）

"平津区敌伪图书处理委员会"和"教育部平津区图书处理委员会"分配给清华图书馆的中文、日文图书书目。

人押运,顺利地如期抵达。第二、三批则于9月中旬,由申泮文等7人押运,历经曲折,也陆续运抵目的地。只是由于承运商不负责任,最后几箱一直到1947年1月,才到平津,还失落了一箱,找寻无着。从整个运输过程看,损失还是很小的。"⑤

此后,清华图书馆还陆续接收了一批由"平津区敌伪图书处理委员会"分配的图书,共计数千册,这批图书大都是抗战胜利之后从伪政权手中缴获的,作为胜利资源分配给了几所大学的图书馆。某种意义上来说,这也算是对清华图书馆在抗战期间遭受重大损失的补偿。

大量的图书运到之后,图书馆人的工作重心开始转向图书的整理。工作人员要整理残余的目录卡片,进行排次、校订、核对、补充;同时,还要赶编新购置的图书。长期的战争结束了,图书馆在巨创之余,整旧增新,工作任务极端繁重,而图书馆的职员人数却被裁减,分工几经调整,部门设置为采录、中文编目、西文编目、参考阅览、期刊和庶务6个股,职员共有24人,为当时北平各大学图书馆中职员人数最少的单位。⑥

至1947年4月,清华图书馆的馆藏书列表如下:⑦

⑤ 西南联大北京校友会编:《国立西南联合大学校史:1937年至1946年的北大、清华、南开》,北京,北京大学出版社,1996年,90页。
⑥《国立清华大学简介》(1949年11月),原载《光明日报》1949年11月,转引自《清华大学史料选编》第5卷,524页。
⑦《国立清华大学图书馆概况》(1947年4月),转引自《清华大学史料选编》第4卷,521页。

清华图书馆馆藏书

单位：册

来源	中日文书	西文书	期刊	总计册数
北平运回	135 422	43 555	21 575	200 552
昆明运回	786	1953	220	2959（未完）
联大分书	322	248		570（未完）
新购	20 585	4360（未全到）	3782（散册）	28 728
赠书	1476	2633	4892（散册）	9001
总计	158 591	52 749	30 470	241 810

复员后的图书馆大阅览室，原先做隔离用的钢架尚未拆除，但家具已经齐备，开放的准备工作已经完成。

与此同时，保管委员会派人着手为图书馆清理馆舍，修理门窗家具，恢复原貌。同时为图书馆定制了500张阅览椅，为开馆做好了用具的准备。

复校之后，学校于1946年10月10日开学，此时图书馆仍在整理恢复中。自1946年10月底起，图书馆的阅览室陆续恢复开放。至1947年4月，图书馆的三个大阅览室已恢复正常，第一阅览室阅览西文书及指定参考书，第二阅览室阅览中文书，第三阅览室阅览期刊。第四阅览室阅览报纸，还在修复中，将报纸暂时放置于第二、三阅览室之间。图书馆的玻璃书库没有受到太大的损坏，而大书库则被拆掉了中间的隔层，剩下的两层已经恢复，办公室及文法两院各系研究室均已完全恢复。

潘光旦（1899—1967），字仲昂，江苏宝山人，1913年至1922年在清华学校读书，1922年赴美，获达茂大学学士、哥伦比亚大学硕士学位。1926年回国后，先后在国立清华大学、西南联合大学、中央民族学院任教。在西南联大时期，担任教务长，兼任清华图书部负责人。1946年至1952年担任清华大学图书馆主任、馆长。

由于图书馆恢复期较长，已开放的阅览室读者较多，显得十分拥挤。图书馆便适时延长了阅览时间，每天上午8点开馆，至晚上10点闭馆，一直连续开放。星期日则由下午2点连续开放至晚上10点。

复校后，潘光旦被任命为图书馆主任，后改称图书馆馆长，成为清华图书馆历史上的又一位学者馆长。据《大公报》报道，1947年春天清华校庆，"各部门开放，被称道最盛的是图书馆，恢复后，遗失书籍收回大半。潘光旦馆长拄双拐笑立礼堂前，谦谢恭贺"。⑧

担任馆长期间，潘光旦继续加大采购力度，使图书馆的馆藏得以迅速恢复并有较大发展。在任职期间，他利用其学者的特长，在图书馆馆藏建设等方面做了大量工作。他亲自经手收购刘半农遗书14 000册，苏州金天羽藏书15 000余册，并接受了卢木斋后裔与陶孟和的赠书。这些书中有一些相当珍贵的古籍，使清

⑧ 潘乃穆：《潘光旦与复员后的清华图书馆》，转引自《不尽书缘：忆清华大学图书馆》，北京，清华大学出版社，2001年，90页。

清华大学图书馆保存的《卢木斋先生遗书捐赠本馆部分目录（上下册）》和《陶孟和先生赠书目录》。

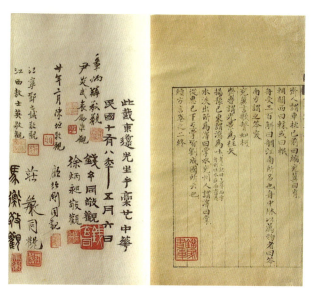

刘半农收藏的戴震《续方言》稿本,该书不仅属于极为珍贵的罕见版本,而且书末附页中收有钱玄同、章炳麟、马衡、胡适、陈垣、顾颉刚等人的题字盖章,满纸灿然生辉。

华图书馆馆藏古籍在抗战中遭受重大损失后得以补充。在20世纪40年代末,中共代表团撤离北平时,他还曾甘冒风险,接受该团赠书200余册。

至1948年6月,清华图书馆入藏的图书统计为中日文书172 000册,西文书57 000册,汇订本期刊30 000余册,中文期刊534种,西文期刊817种,报纸30种,此后尚有陆续增加。⑨

1947年6月,图书馆公布了《国立清华大学图书馆阅览规则》。⑩这次的规则与1932年9月16日校长公布施行的《国立清华大学图书馆规则》⑪相比较,由于图书整理工作繁重,馆员人数不够,阅览时间却在不断延长,因此,为了保障图书流通的效率,阅览规则相对严厉一些。包括(1)阅览室图书如未按照规定时间还回,则记警告一次,由本馆开列姓名公布,无论连续与否,其警告满3次者报请学校,予以记小过一次,小过满2次则停止借书权3个月。(2)对出纳证的遗失、补发,管理更为严格,除了要缴纳工本费之外,若一个学期内遗

⑨《国立清华大学简介》(1949年11月),原载《光明日报》1949年11月,转引自《清华大学史料选编》第5卷,上册,5页。

⑩《国立清华大学图书馆阅览规则》(1947年6月修正公布),转引自《清华大学史料选编》第4卷,524~528页。

⑪《国立清华大学图书馆规则》(1932年9月14日第42次评议会通过,同年9月16日校长公布施行),转引自《清华大学史料选编》第2卷,755~758页。

王达成1926年燕京大学毕业照。（校史馆提供）

失三次出纳证则不再补发。（3）读者每次可以借书数量减少。以研究生为例，1932年的研究生每人借书10本、未装订期刊2本，及指定参考书1本。1947年的规则规定，研究生及四年级做毕业论文的本科生，每人只能借书刊5册。（4）书库不再允许读者进入。

1947年，清华大学拟成立考古系，由文物考古学家陈梦家主持采购了一批文物，后存放清华大学图书馆至今。这批文物计有商周甲骨、青铜器、玉器、陶瓷、字画等，共计3000余件。此后，这批文物一直保存在清华大学图书馆至今，成为清华图书馆的镇馆之宝，每到校庆或者重大活动的时候，图书馆会在展览室里展出。

时间进入1948年，中国的时局发生了重大的变化，中国共产党领导的人民解放军在战场上进入了战略反攻，人民革命的胜利已现曙光。中国共产党作为中国革命的领导力量，日益得到广大人民群众的接受和拥护。

其实，早在二十多年之前，清华园里就已经有了中国共产党活动的踪迹，而当年中国共产党的活动与清华大学图书馆之间有着密不可分的关系。

1926年11月间，燕京大学经济学毕业生王达成来到了清华大学图书馆。他在这所图书馆谋得了他的第一份工作，在购置股任职员，每天在图书馆一楼上班。而王达成当时已经是中国共产党党员，到清华前，

清华大学人类学系文物登记表,如今图书馆收藏的部分文物来源于此。

清华大学图书馆现收藏有商周甲骨1755片,兽骨233块。在中国内地的百余甲骨收藏单位中数量列第11位,其收藏大多流传有序,具有很高的文物价值及学术意义。

清华大学图书馆收藏青铜器总计1725件,时代上起商周,下至宋元,品类比较齐全。左图为西周小臣逋鼎,右图为商代北单觚。

《设立在西南联大图书馆阅览大厅内的"一二·一"死难烈士灵堂》，引自《国立西南联合大学图史》，190页。

中共北平市委的负责人陈为人向他介绍了清华的两个党员，一个叫雷从敏，另一个叫朱莽。王达成到清华图书馆工作后，陈为人通知雷、朱两人到王达成的房间来，他们开了个会，把三个人组织了起来，成立了一个支部，并任命王达成为支部书记。这就是清华大学第一个党支部建立的过程。[12] 从此，中国共产党的党组织在清华大学里诞生了，并且不断发展壮大。

1945年12月1日，昆明爆发学生反内战的爱国民主运动，以西南联大为首的昆明31所学校学生举行集会、罢课和游行，遭到当局军警、特务们血腥镇压，四名学生惨死。"一二·一"惨案震动了整个昆明，在西南联大图书馆前举行了隆重的死难烈士入殓仪式。而图书馆阅览室则被作为临时灵堂，四位死难者的棺木停放在大厅内，周围摆满了花圈、挽联，接受社会公祭。据统计，一个半月的公祭期内，昆明各界前来参加吊唁者达到了15万人次，约占当时昆明全市人口的一半。

学校复员北上之后，由于图书馆的战前旧书处于整理过程中，除指定参考书外，书籍基本都不外借。返回清华园的学生们倍感物质与精神两方面的匮乏。于是，学生自治会主持建立了一个由学生自主经营的图书室，借用"一二·一"学生运动名义，起名为

[12]《王达成同志谈清华第一个党支部的建立》，《清华校友通讯丛书·校友文稿资料选编》第4辑，20页。

战后重建

学生们利用下午、晚上等课余时间，来"一二·一"图书室读书、看报。阅览室的墙上张贴着"一二·一"惨案中死难的学生和闻一多的照片。（张祖道摄，校史馆提供）

"一二·一"图书室，图书室只有40余平方米，地址位于当时的音乐室所在地"灰楼"，即如今化学馆的西侧。1947年3月8日开馆，每天下午和晚上对外开放。

"一二·一"图书室存有很多介绍马克思主义和共产党解放区出版的书刊供大家阅读，在那个时代这些书籍是被禁止的。只要发现有什么风吹草动，负责保管的学生们总是把"一二·一"图书室里的那些书，秘密地运到大图书馆书库藏起来。书库地方很大，学校刚刚复员，图书都还没有来得及整理，堆放很乱，乱中藏珍，外人很难发现。⑬"一二·一"图书室的书籍及小册子曾为防备检查与避免搜查而被收藏过多次。

1948年，馆址迁回西楼，改选馆委会，拟订工作方针与计划，随后发动三捐运动（捐钱、捐面和捐书）。"一二·一"图书室就这样在学校师生爱护之下茁壮成长。⑭新中国成立之后，"一二·一"图书室的藏书合并到了校图书馆。1985年在"一二·九"运动五十周年之际，学校决定恢复"一二·一"图书室，12月1日，"一二·一"图书室命名仪式在14号楼举行，此后该图书室由清华大学团委负责管理。

⑬ 王志诚：《在清华大学和潘光旦老师相处的日子里》，《清华校友通讯丛书·校友文稿资料选编》第6辑，74页。

⑭ 清华大学校史研究室编：《清华大学史料选编》第4卷，北京，清华大学出版社，1994年，513～514页。

20世纪40年代末"集学会"部分成员在图书馆门前合影。(唐绍贞提供)

1986年"集学会"部分成员在近春园重聚合影。(唐绍贞提供)

  1948年清华园解放前夕,图书馆已经成为中共地下党活动的重要场所。据当时在图书馆工作的地下党员王志诚回忆,他们利用图书馆的工作优势,以图书馆的青年职员为骨干,又吸收学校和系办公室的部分青年职员,组成了一个读书会组织"集学会",并自办油印小刊物"集学"。"集学会"成员利用图书馆职务之便，购买进步书籍，其原则是"尽快买来，尽快编目"。他们还将解放区出版的图书，例如《论联合政府》《新民主主义论》等"禁书"取回，封面进行"化装"处理之后，塞进图书馆大阅览室的参考书架，供人阅读。

1948年4月，当时北平爆发了学生罢课运动。为了配合支持学生，教师也签名罢教，在地下党的领导下，以"集学会"成员为骨干，发起了职员工人的罢工运动，在当时的北平五大学——清华、北大、师大、燕京、辅仁，形成罢课、罢教、罢工的运动高潮。

1948年冬，解放军已进入北平西北郊，12月中旬，清华园里开始听到枪炮声。在中共地下党的组织下，学生自治会组织学生保护学校、保护图书馆。据当时中文系学生过伟回忆，他所在的中文系部分同学自明斋搬到图书馆一楼居住，负责守卫图书馆大门与馆内。护校的学生们有着明确的分工，在各自负责的岗位上尽心尽责地坚守，巡逻队也在紧张有序地工作，保护着校园里的每一栋建筑的安全。参加护校的学生们思想活跃，每天学习进步资料，他们在联大、清华受到进步思想影响的基础上，通过护馆活动期间的学习交流，确立了自己的人生道路。1949年3月，当时的部分学生投笔从戎，参加了四野的南下工作团，离开清华走向革命。图书馆成了他们参加革命的出发地。

在那个新旧制度更替的时期，整个社会暂时有些动荡不安，人们对新的社会还不了解，存在许多的担忧甚至是恐慌情绪，社会上还有着许多不安定的因素。在北平解放之际，在广大馆员与师生的全力保护下，图书馆和学校一起迎来了和平解放。

1948年12月15日，清华园解放。从此，结束了战乱动荡，清华大学图书馆随着清华大学一起，迎来了一个新的时代。

1950年代初拍摄的清华大学图书馆。

新中国之初
1949—1965

1949年10月1日，毛泽东主席在开国大典上宣布："中华人民共和国中央人民政府成立了，中国人民从此站起来了。"新中国成立之初的中国大地，发生了翻天覆地的变化，那个时期人们广为传诵的一句话是"人民翻身当家做主人"。中国人民告别了一个旧的时代，迎来了一个完全不同的、陌生的、崭新的时代。各行各业的人们怀着好奇的心情，迎接着一个又一个接踵而来的、完全不同于以往的新的思想、新的观念的潮流以及新的工作、生活方式。对于生活在当时中国社会的人们来说，这是一个充满热情的、富有朝气的、蓬勃发展的新时代。

1948年12月15日，清华大学比整个北平早几个月获得了解放。解放之初的清华大学由校务委员会负责管理学校的事务，在学校的行政体系中，图书馆隶属于教务处管辖。自1949年5月起，图书馆改馆长制，直接隶属于校务委员会，与教务处、秘书处同级。[①]潘光旦继续担任图书馆馆长。

新中国成立之后，国立清华大学改称清华大学，国立清华大学图书馆改称清华大学图书馆。

新中国成立之后，清华大学图书馆得到了快速发展。图书馆仍旧是学校里受人瞩目的中心，经常作为清华大学的重要接待参观场所，接待新中国的重要领

---

① 潘光旦：《潘光旦文集》第11卷，北京，北京大学出版社，2000年，296～297页。

1949年2月27日，欢庆北平和平解放，清华大学的游行队伍行进在东长安街上。（校史馆提供）

② 潘光旦：《潘光旦文集》第11卷，北京，北京大学出版社，2000年，302页。

③ 清华大学校史研究室编：《清华大学史料选编》第5卷，北京，清华大学出版社，2005年，73～74页。

导人。1949年10月3日，陈毅同志来校参观，潘光旦馆长与部分校务委员陪同参观了图书馆及设在图书馆一楼的地学系。在潘光旦馆长的日记中，他高兴地写到了陈毅同志对自己的欣赏："陈将军谈锋甚健，初见即谓历年读余诗文甚多，自《新月》至《观察》，几无不阅览云。"②

在潘光旦馆长的主持下，图书馆的队伍进行了扩充，增加了工作人员和经费，持续购买和增加了许多重要的文献资源。下表列出了当时的清华大学图书馆行政组织主管及分工情况。③

1949年10月3日陈毅同志来校参观,在图书馆门口与陪同者合影。左二为图书馆馆长潘光旦,其他为当时的校务委员会成员叶企孙、张奚若、张子高、周培源和吴晗(自左至右)。④

部门	职员人数	主管人	分工情况
图书馆馆长室	1	潘光旦	总管图书馆一切馆务
采录股	4	唐贯方	办理图书之采访、购置、装订、登录、统计及整理事宜
中文编目股	6	康精彩	办理中文书籍分类编目事宜
西文编目股	7	杨正一	办理西文书籍分类编目事宜
阅览参考股	9	陆震平	办理图书典藏、出纳及阅览、参考室之管理事宜
期刊股	1	毕树棠	办理期刊之订购、登录、阅览及编藏事宜
庶务股	2	段多朋	办理全馆文书记账及杂务事宜

1949年的春天里,清华大学迎来了解放之后的第一个校庆日。在这一年的返校日,清华1919级校友集体做出了一个重要的决定:出资购买一部宋刻本《通鉴纪事本末》捐赠给母校图书馆,作为他们毕业三十周年的纪念。他们在一张纸上郑重地题写了这次捐赠的始末,并将这张纸片粘贴在该书第一函的函套上:

己丑清华返校节

己未级同学购丁宝桢旧藏宋刻通鉴纪事本末敬献母校

以为毕业三十年纪念。

这部《通鉴纪事本末》初刻于1257年,此后经过元明两代的修补刻印,迄今已达750多年。虽然只是一部小小的书籍,但是它的价值却无与伦比,这件校庆纪念品反映出了1919级校友们独到的眼光和品位。

④ 侯竹筠,韦庆缘主编:《不尽书缘:忆清华大学图书馆》,北京,清华大学出版社,2001年,192页。

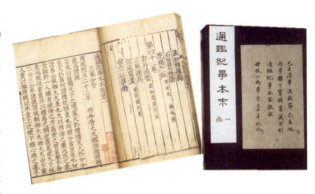

《通鉴纪事本末》，南宋袁枢撰，宋宝祐五年（1257）刻元明递修本。凡四十二卷，依司马光《资治通鉴》原文，区分事目，一事一篇，详其本末，始于《三家分晋》，终于《周世宗征淮南》，共二百三十九篇。此书系清末期山东巡抚丁宝桢家旧藏，为清华己未级（1919）校友购得，于1949年校庆时赠与母校。

从此，这部珍贵的宋刻本在经历了数百年的变迁之后，便作为清华图书馆收藏不多的宋代刻本中的一种，安静妥帖地存放在了清华大学图书馆的古籍书库里。当遇到校庆或者其他重大纪念活动的时候，会被小心翼翼地拿出来，作为图书馆的珍藏进行展览。通过那历经数百年泛黄的纸张，以及封面函套上的那一纸题字，让一代又一代的清华学子感受着清华大学深厚的文化底蕴，体会着那个叫做"文化传承"的词汇所包含的意境。

> 他是清华最有光荣的儿子，
> 他是清华最早的共产党员，
> 他为解放事业贡献了生命，
> 施滉的革命精神永垂不朽。

这是镌刻在图书馆二期建筑门厅内的施滉烈士纪念碑的碑文。

施滉（1900—1933）出身贫苦，1916年以优异成绩考入清华学校，学习期间曾在图书馆担任学生助理。他在校期间从事各种进步的社团活动，曾组织了"唯真学会""超桃社"。在美国留学期间，他参加了美国共产党。回国后，继续从事革命活动，曾担任中共河北省委书记。1933年，他在北平被捕，壮烈牺牲。

施滉照片。(校史馆提供)　　镌刻在图书馆二期大厅中的施滉纪念碑。

1950年1月3日，根据周培源、徐永瑛、冀朝鼎等7位校友的建议，清华大学校务委员会常委会决议通过，在校图书馆大厅里建立纪念甲子级（1924级）校友施滉的铜像及纪念碑。

从此之后，施滉这位曾经在1921年前后担任过图书馆学生助理的清华学生的铜像，便镌刻在图书馆二期建筑的大厅里，融汇到图书馆二期建筑之中，对于许许多多从图书馆二期建筑大厅走过的学子们，这也成为他们铭记在心头的一道永远的风景。

1950年5月10日，校务委员会指导调整常设委员会小组建议，成立图书委员会。该委员会的主要任务是："（1）全面筹划、拟定本校总图书馆及各院系图书室组织制度、管理政策与业务方针。（2）计划及建议图书馆建筑重要设备及大宗图书的添置。（3）编订图书馆公共图书概算。（4）订立图书馆各项主要章则。（5）经常检查图书馆工作情况，并协助研究及推行改进计划。"委员会由校务委员会聘请委员15人至17人，其中包括学生会推荐代表4人，教育工作者工会推荐代表4人。⑤第一届图书委员会由潘光旦担任主席，吕叔湘任副主席。

⑤ 清华大学校史研究室编：《清华大学史料选编》第5卷，北京，清华大学出版社，2005年，87～88页。

拍摄于20世纪50年代初的图书馆二期建筑外景。这座建成了二十年的建筑依旧年轻,岁月流逝的痕迹尚不明显。中间三层的窗户外加了遮阳帘,而右侧的大阅览室窗户外面也加了悬挂的窗帘,以遮蔽过于强烈的阳光。

在那样一个解放的时代,清华大学的学生也和清华大学图书馆一起,感受到了中国所发生的翻天覆地的变化。1950年入学的严德富,这样描绘他对于新学校和这所图书馆的感受:"在这种优良的读书风气下,我无疑是更加感到空虚,甚至恐慌。但我同时又感到兴奋和愉快,我知道在这图书馆静心钻研的每位同学,在不久的未来,都将是新中国的有用人才,要参加到各种建设工作中去,为新中国的建设而努力!"⑥

新中国成立之后的清华大学图书馆,依然以它庄重的建筑、幽雅的环境和良好的学习氛围,吸引着新时代的莘莘学子。对于同为1951届学生的资中筠和冯钟璞,图书馆给她们留下的印象是如此深刻,以至于半个世纪之后回忆起来,仍旧是那么清晰。

记得当年考大学,发奋非入清华不可,主要吸引我的除了学术地位之外,实实在在的就是那图书馆了。……那时大图书馆的常客一般都有自己相对固定的座位。一进入那殿堂就是一种肃穆、宁静,甚至神圣之感,自然而然谁也不敢大声说话,连咳嗽也不敢

⑥ 邓景康、韦庆媛主编:《邺架巍巍:忆清华大学图书馆》,北京,清华大学出版社,2011年,76页。

《新清华》于1953年10月刊登的学生在图书馆第一阅览室学习的照片。配发的说明文字为"独立思考,循序渐进,同学们在第一阅览室认真自修"。那个时代的青年学生的理想是——为了建设新中国而努力学习。⑦

放肆。……在那灯火通明的大阅览室,浸润在知识的海洋里,有一种无限满足和心灵净化的感觉。⑧

置身于书库中,真像是置身于一个智慧的海洋,还有那清华图书馆著名的玻璃地板,半透明的,让人觉得像是走在湖水上,也像是走在云彩上。真是祥云缭绕了。⑨

1952年,清华大学图书馆在它建立四十周年的时候,迎来了一次比较大的变化。国家教育体制改革,使清华大学由一所综合性大学调整为工科大学。1952年10月,经过院系调整,新的清华大学由原北京大学、燕京大学、山西大学、察哈尔工业学院等校工学院或工科系调整而组成。设置热力发电设备、水力动力装置、工业企业电气化等25个专业,组成为机械制造、动力机械、土木工程、水利工程、电机工程、无线电工程、建筑工程及石油工程8个系,另有水力发电厂电机、石油厂机器设备、工业民用房屋建筑等17个专修科。

⑦《响应毛主席"三好"号召,培养自己成为全面发展的人才》,《新清华》,1953年10月27日,第16期第6版。

⑧ 侯竹筠、韦庆缘主编:《不尽书缘:忆清华大学图书馆》,北京,清华大学出版社,2001年,130页。

⑨ 侯竹筠、韦庆缘主编:《不尽书缘:忆清华大学图书馆》,北京,清华大学出版社,2001年,187页。

1952年至1958年，清华大学图书馆调出馆外的部分图书目录。那是个"全国一盘棋"的时代，院系调整过程中，清华大学图书馆原先收藏的大量图书调拨给了一些新建的学校，或者革命老区馆藏资源不足的学校。

与此相适应，图书馆馆藏也随之进行了调整。从1952年秋起，当时调出清华大学的各系各专业（包括文理学院、航空、地质、石油等）相关的图书基本上全部随系调出。计先后调出中文书籍3290册，俄文书籍493册，西文书籍9896册。1953年初，又根据统一安排，调拨给东北大学（今吉林工业大学）文史类线装书16 788册。此后的几年里，一直都有相当数量的书籍陆续外调。自1952年院系调整开始到1957年1月，清华大学图书馆前后共计调出中外文书籍31 335册（期刊与各系自购图书尚未计入），占图书馆1952年秋原藏书的1/16。[10]1958年又向内蒙古大学、中国人民大学、延安大学等14个单位调拨中西日文书刊16万册。至1958年，共向外校调拨图书18万余册。

院系调整当中，清华大学图书馆的大量图书被调出，特别是一大批文科类图书的外调，使图书馆受到了较大的影响，馆藏数量有明显的减少。所幸的是，当时馆藏的近30万册珍贵古籍及商周甲骨、青铜器等一批珍贵文物，在时任校长蒋南翔的指示下被保留了下来。

1957年，当时的学校领导提出，学校图书馆应该成为辅助教学及进行科学研究的一个机构。因此，在

[10]《校行政委员会讨论图书馆工作》，《新清华》，1957年1月9日，第166期第2版。

蒋南翔（1913—1988），著名青年运动领导者、教育家。江苏宜兴人。1932年考入清华大学中文系，翌年参加中国共产党，后任地下党支部书记，是"一二·九"学生运动的主要领导人之一。1952—1966年出任清华大学校长，期间还兼任中共北京市高校党委第一书记、教育部副部长、高等教育部部长等职。1952年院系调整期间，因为他的坚持，使清华大学图书馆多年来收藏的文物、古籍和部分人文社科类书籍得以保留下来。（校史馆提供）

藏书方面，可以广泛一些。为了提高政治理论与外文方面的教学质量，扩大师生的知识领域，保存部分文学及社会科学的书籍是必要的。例如，有的教授专家在研究我国机械史、建筑史、流域规划及城市规划等重要问题，亟须从中国典籍中发掘一些珍贵的资料。清华大学坚决支持院系调整中关于调整图书的工作，支持兄弟学校解决图书不足的困难。但是在调整过程中，不能用"打乱平分"的办法。对于那些国内罕有的真正的善本书，拟送到北京图书馆，由该馆统一处理。对于那些教学及科学研究无关或关系甚少的政法财经书籍及外交档案等，则送交高教部，由高教部统一处理。

由于学校领导层有这样的共识，使得图书馆多年来收藏的部分貌似与"工科大学"无关的书籍被保留了下来。当时的清华大学校长蒋南翔、第一副校长刘仙洲等人在保留图书馆的馆藏方面，发挥了重要的作用。

1953年起，时任第一副校长刘仙洲倡导建立"中国工程发明史编辑委员会"，开展针对中国古代科学技术伟大成就的研究工作。编辑委员会办公室设在图书馆，聘请了刘剑青、郭梦武、赵濯民、耿捷忱、徐萱龄等人查阅古代典籍中的科技史料，前后持续20多年，一直到 1975 年刘仙洲去世，共计抄录中国工程发明史资料卡片 21 000 余张，抄本 70 余本。刘仙洲在此基础上撰写了《中国机械工程发明史》（第一编）和《中国农业机械发明史》两本学术著作，成为中国科技史研究领域的重要奠基之作。而刘仙洲所创立的中国科技史研究传统，也一直在清华大学图书馆流传了下来。

院系调整之后，清华大学只留下了工程技术方面的"八大系"，图书馆的资源建设主要面向这些系服务。在此期间，李辑祥曾担任了一年馆长，此后由金涛接任。前后两位馆长带领清华大学图书馆的工作人员，完成了院系调整之后图书馆在资源建设、服务方

⑪《刘仙洲纪念文集》，北京，清华大学出版社，1990 年，插图。

刘仙洲和几位著名教授在讨论科技史研究问题。左起：梁思成、张子高、刘仙洲、施嘉炀。⑪

右图为中国工程发明史资料卡片，从浩如烟海的古代文献中搜寻科技史料，被称为"披沙拣金"的工作，从清秀工整的笔迹中可见当年从事此项工作的前辈们认真的工作态度。

式等方面的转型。为适应院系调整后清华大学成为一所多科性工业大学教学改革的需要，图书馆对馆藏结构进行调整和改造，工程技术类图书成为图书采购的主体。同时重点采购马列主义经典著作、革命书刊及文艺作品，外文图书方面则以俄文图书为主。根据当时的形势，图书馆对归入"反动、淫秽"类的书刊进行了清理和流通控制。

这一个时期，由于资源建设方针的调整，导致清华大学图书馆的藏书体系有了很大变化。首先是采购图书的面变窄了，虽然当时的学校领导提出来为了学校师生扩大知识领域，可以保留部分人文社科类图书，但是文科类图书的采购数量还是被大大缩减。此外，由于当时的国际政治关系因素影响，英、法、德等西文图书的采购被压缩得非常严重。这样的趋势一直持续了将近三十年，使得这一阶段清华大学图书馆的馆藏存在着较为严重的类型缺失。

清华大学成为一所工科大学，新时代高涨的建设热情，"又红又专"口号的提出，使得培养一心钻研技术的专门化人才成为潮流。清华大学成为"红色工程师的摇篮"，为国家建设的需要培养具有工程技术专业知识的人才。学生们希望的是尽快到祖国的一线建设岗位上去工作，他们迫切地汲取着本专业的知识，然

金涛（1890—1970），曾作为清华第一批留美学生的第三名赴美留学，在康奈尔大学学习土木工程。归国后曾在北京大学工学院任教，1952年调整到清华土木系任教授。1953—1956年间担任图书馆馆长。（金国藩提供）

1953年的图书馆工作人员合影。长袍马褂和西服领带已被中山装所取代，时代的变化在着装上的体现非常明显。另外一个明显的变化则是人员数量的增加，照片中的人数已经超过了50人。二期建筑门口的大台阶上面密密麻麻地挤满了人，甚至许多人都被遮挡着，只露出了部分面孔。（杨天民提供）

在那个"热火朝天"的建设时代里，清华大学里设立了工农速成中学，大批优秀的工农青年得到学习机会，参加到学校的工农速成中学学习。这是全国人民代表大会代表、华北区劳动模范郭秀云在图书馆里看书。⑫

⑫《努力工作和学习，支援解放台湾的斗争！》，《新清华》，1954年12月31日，第72期第6版。
⑬《留校同学暑期活动》，《新清华》，1953年9月5日，第9期第4版。

后再把学到的知识用到实际工作中。在学习中博学多才、广泛涉猎的做法并不多见。

尽管如此，当时图书馆还是根据读者的需求，专门开设了一个文艺小说阅览室，受到了读者的热烈欢迎。据《新清华》报道，"图书馆文艺小说阅览室，每天都挤满了读者，同学们会为奥斯特洛夫斯基和卓娅所喜爱的《牛虻》所吸引着，《我们这里已是早晨》《大学生》《三个穿灰大衣的人》《古丽亚的道路》广泛地在同学之间流传着"。⑬

新时代火热的学习和建设热情也感染着图书馆的工作人员，他们积极地尝试着在读者服务方面做一些改进。为简化借书手续,图书馆努力探索改进工作方法,提高借书效率。1953年,图书馆推行押证借书法。一般同学及职工借书,可以去图书馆领证3张,研究生领证5张,即可凭证借书,并免去每次在借书卡片上签名登记等手续。这样可以使读者节省很多不必要的时间。⑭据《新清华》1954年报道,"在阅览方面,过去借一次书要费十五至五十分钟",改用押证借书法之后,"同学借书可随到随借随还,大大便利读者。借书量增加了一倍,而负责借书的工作人员反减少近三分之一"⑮,工作效率大为提高。

那个时代的图书馆,仍然是学校里引人注目的地方,包括接待国内外各界来宾参观访问,举办学校里的一些比较重要的活动等。这个时期的图书馆还扮演着学校里重要的展览场所的角色,许多重要的展览一般都设立在图书馆二期建筑的大厅里。其中,自1954年起,应届毕业生的毕业设计展览会一般就都会安排在图书馆举办。

1956年,为配合周恩来总理提出的"向科学进军"的号召,图书馆加强了俄文和西文科技书刊、文摘索引、工具书等的订购。而对于新建的相关学科,如工程物理专业、自动化专业等所需要的期刊和文献,则给予了特别的重视。在工具书方面,图书馆进行了

⑭《图书馆迎新并试行押证借书法》,《新清华》,1953年10月20日,第15期第4版。

⑮《一年来图书馆工作有所改进》,《新清华》,1954年1月12日,第27期第1版。

⑯《发扬主人翁劳动态度,更好地为教学服务!深入贯彻精简节约,提高工作效率!》,《新清华》,1954年3月23日,第37期第6版。

1954年3月为简化借书手续,图书馆采用押证借书法。⑯

第一个五年计划在推动中国的工业化建设方面取得了卓著的成就。清华大学的师生们也和当时的国人一道，用自己的智慧和双手为工业建设做出贡献。这是学生们在图书馆参观五年计划图片展。⑰

1956年，苏联青年代表团来校参观，并进行座谈、联欢。这是代表团成员参观图书馆之后的留影。⑱

⑰《同学们在图书馆看五年计划图片展览》，《新清华》，1955年10月29日，第110期第1版。
⑱《5月22日、23日苏联青年代表团7人来校参观，并进行了座谈、联欢》，《新清华》，1956年5月26日，第139期第1版。
⑲《图书馆第三阅览室改为教师阅览室》，《新清华》，1956年2月25日，第126期第1版。

一次全面检查，在征求各系与教研组意见的基础上，向国外订购与补购大批期刊索引及世界大型的书目与书评。

这一年，图书馆为了给教师创造阅览和借书的便利条件，将第三阅览室改建成为教师阅览室，⑲将系资料室的部分图书期刊集中起来，制作了期刊索引与卡片目录。当时学校的教师可以享受到教师阅览室的一些特殊的服务，能够在此阅览最新的国外期刊，了解国外新的科技发展动向。

陈士骅(1905—1973),字孝开,河北省安新县人,水利工程专家。1932年在德国慕尼黑工业大学获工程硕士学位。回国后历任西北农林专科学校副教授,同济大学、北京大学教授,院系调整后任清华大学水利系教授,清华大学副教务长、副校长。1956—1961年兼任图书馆馆长。(陈浩提供)

1957年,学校领导方面为图书馆增加了领导干部,补充了工作人员,调整了机构,明确了图书馆为教学与科学研究服务的方针。在书刊采购方面,加强了西文书刊的订购。为了开辟书源,初步建立了国内外交换的业务,并在一些机关与学校搜集一批与我校有关的俄文书籍。积极开展与兄弟学校及企业机关进行馆际互借的尝试。当时正准备与一些兄弟学校订立馆际优待借书办法,先与北京大学试行。[20]

[20]《校行政委员会讨论图书馆工作》,《新清华》,1957年1月9日,第166期第2版。

在图书馆举办的展览中操作精密仪器,那个时代的科学研究目的非常明确——为国家建设服务。

韦杰三(1903—1926),壮族,广西蒙山人。1924年考入上海大学英文系,1925年转入清华大学学习。1926年3月18日,参加北京各界群众在天安门举行的抗议八国通牒的国民大会和示威游行,遭到北洋政府军警开枪杀害,年仅23岁。牺牲前留下遗言:"我心甚安,但中国快强起来啊!"(校史馆提供)

为了纪念"三一八",继承光荣的革命传统,十三届学代会因考虑到纪念韦杰三烈士的断碑原址比较偏僻,决定将其迁至图书馆前,以随时唤起人们对先烈们的怀念。1957年3月18日,在"水木清华"山后的小溪旁举行了隆重的迁碑仪式。从此,这段来自圆明园废墟的、记载着中国近代遭受列强欺凌的屈辱和清华学生奋起斗争的历史的断碑,就在图书馆门前矗立了三十年。在这三十年间,在一代又一代的清华学生心中,这段断碑和图书馆紧密联系在了一起。直到1987年,因为图书馆三期建筑施工,断碑才被迁移到校河南侧。

曾经矗立在图书馆二期建筑门前的韦杰三烈士纪念断碑,对于那个时代的清华学子来说,来图书馆门前看断碑,是他们接受革命传统教育的重要内容。(档案馆提供)

新中国之初

1958年，周恩来总理来清华图书馆参观学生毕业展览，并在二期建筑门前向学生们发表了讲话。（冯白云提供）

  1958年8月13日，图书馆举办了应届毕业生"红专跃进展览会"。1400多名毕业生在毕业设计中结合生产实际完成设计任务和制造新产品336项，其中228项有创造。这次的展览迎来了一位不寻常的参观者——时任中华人民共和国国务院总理的周恩来。

  8月24日，周恩来总理在蒋南翔校长等陪同下参观了展览会，并在图书馆大门前的台阶上，向1400多名毕业生发表了热情洋溢的讲话，勉励同学们永远把学习、工作和生产结合在一起。据当时的学生干部谭浩强回忆，当时的清华大学学生文工团曾为此创作了一首歌曲，歌名就叫"周总理来到清华园"，清华大学的学生几乎人人都会唱这首歌。

  1958年，中国内地的"大跃进"时期。这一年，图书馆推出了"流动书车"的服务方式，送书上门。第一次开出流动书车（三轮车）时，书车上围着红布，贴着标语，当流动书车的铃声响起，出纳员唱起自己编的快板时，同学们笑容满面，拍手称道。[21]

  这一时期，图书馆还创造了"四合一工作法"

[21]《图书馆的流动书车》，《新清华》，1958年6月23日，第312期第6版。

（也叫"一元化"工作法），刻蜡版，手工刷印卡片。为了让新书及时与读者见面，图书馆打破了各个科室之间的业务界限，把各科的工序合起来考虑，创造性地将采购科的采购卡片、登录片、编目科的书名片、与阅览科的口袋片四个工序合而为一。新书来馆，经过一道工序就把几种需用的卡片同时做出来，分给各科应用。经过多次试验，取得了成功，工作效率有了显著提高。㉒

1959年，图书馆参加了全国中、俄、西文专业书刊联合目录的编制工作，以及《大型图书馆图书分类法草案》的拟制、审查、修订等工作。1960年至1977年间，《大型图书馆图书分类法草案》（又名《中国图书馆图书分类法草案》，简称《大型法》）一直在图书馆使用，进行图书的分类。

自20世纪50年代后期开始，一次又一次的政治运动频繁地发动，人们的正常工作和生活不断地受到了各种冲击和影响。其中特别是1957年的"反右"运动以及之后的扩大化，导致一批学校各院系的教师被错划为"右派"，其中的一些教师被下放到了图书馆

㉒《图书馆务虚见实效》，《新清华》，1958年6月25日，第313期第5版。
㉓《图书馆职工制定红专跃进规划》，《新清华》，1959年3月24日，第422期第2版。

下左：为读者服务，图书馆同志的流动书车送书上门。㉓
下右：这张图显示了多位图书馆工作人员正在认真地进行书籍的装订工作，工作台上面堆放着工具，人们的表情很投入。前排右侧为朱自清的夫人陈竹隐。（杨天民提供）

"劳动改造"。长期担任图书馆副馆长的唐统一后来回忆起来,认为这样的一批教师来到图书馆,大大提升了图书馆工作人员队伍的素质,使得图书馆的许多业务工作得以很好地开展起来。

在那个时代里,图书馆也因应了当时形势的需要,成立了专门的"政治阅览室"。1960年6月筹办了教育革命阅览室,[24]主要展示马克思列宁主义教育理论、中国共产党的教育方针政策、科学技术政策以及其他社会主义国家的教育建设、自然科学及工程技术的新成就与发展状况。

自1959年开始,中国内地连续遭受自然灾害,加上之前"大跃进",1959年至1961年国家进入了三年经济困难时期。为了克服自然灾害、粮食歉收带来的

[24]《图书馆开放教育革命阅览室》,《新清华》,1960年7月16日,第557期第3版。

[25]《图书馆的各个阅览室能同时容纳1000多人》,《清华画刊》,1959年第2期。

[26]《在图书馆政治理论阅览室,经常挤满了同学,他们在精心阅读毛主席著作》,《清华画刊》,1960年第3期。

选自1959年9月《清华画报》中的图书馆阅览室照片,那个时代的阅览室里摆放着毛泽东的半身像。[25]

1960年7月,水利系同学在图书馆认真学习毛主席著作。照片带有那个时代的鲜明特征。[26]

困难，学校除了在校外建立了农业生产基地外，在校园内还开辟了许多粮地和菜地，并发动全校师生参加农业生产劳动。一时间，清华园里掀起了农业生产的热潮。图书馆员工积极投入参加农业劳动，承包了学校划拨的农田，并且获得了丰收。为此，图书馆还被学校评为"农业生产红旗单位"。㉗此时的工作人员不仅是图书馆员，也要学工、学农，做参加生产的"劳动者"。

1960年，为了给本校师生创造外文学习的环境，图书馆与俄文教研组共同筹办外文阅览室。㉘阅览室

㉗《我校师生员工一起动手大办农业》，《新清华》，1960年10月1日，第570期第1版。

㉘《图书馆外文阅览室开放》，《新清华》，1960年2月6日，第503期第1版。

此照片拍摄日期不详，应该是在20世纪60年代初。几位图书馆的工作人员或肩扛柳条筐，或手抱玉米棒，应该是从庄稼地里刚刚收获了玉米。（档案馆提供）

当时的社会风气提倡人们学习各种技能，掌握劳动本领。图示为图书馆工作人员在练习使用打字机。

设在图书馆四楼,陈设各种科技外文字典、普通外文科技图书、报纸、杂志等。在这一时期,清华大学图书馆的指导思想是"为教学服务,为师生员工创造优良学习条件"。在此指导思想下,图书馆积极配合协助创建系图书馆。同时,图书馆开始注重收集国际学术会议记录、论文资料。为了满足教学需要,清华大学图书馆设专人办理馆际借书,一般每周要出去两三次,平均每月要周转500册左右[29]。图书馆与全国100多个单位建立起馆际借阅图书的协作关系,还通过北京图书馆与苏联建立了国际互借关系。

1961年4月30日,清华大学举行了建校50周年的校庆活动。2万多名师生员工在大操场举行建校50周年庆祝大会。其间,在图书馆举办了清华大学50周

[29]《坚决贯彻以教学为主,教学、生产、科学研究三结合的方针》,《新清华》,1961年4月29日,第594期第5版。

史国衡(1911—1995),1937年考入清华大学社会学系,后入西南联合大学就读。毕业后曾赴美国哈佛大学进修,回国后一直在清华大学工作,曾任清华大学社会系教授、总务长。1961—1983年担任清华大学图书馆馆长,是清华图书馆历史上任职时间最长的馆长。(史秋明提供)

20世纪60年代初图书馆工作人员合影,此时二期建筑门口的大台阶已经容纳不下这么多的人了,这个时代还有一个重要的变化,就是图书馆的女性工作人员比过去有了大大的增长。套用一句那个时期流行的语言:"时代不同了,男女都一样。"(杨天民提供)

图书馆大阅览室里,同学们正在专心地进行自修。⑳

年校庆展览,展览在当时堪称隆重而又热烈,自4月30日至5月2日共举行了3天,期间共接待了前来参观者7000多人,包括卫生部部长李德全,老校友、对外贸易促进会副主席冀朝鼎,著名科普作家高士其等人都来参观了展览。

1960年在清华大学土建系任教的曾昭奋老师道出了清华图书馆在读者中的地位:"诱人而又伟大"。当他37年之后再次踏进图书馆老馆时,依然感到"图书馆静悄悄",眼前会浮现起一幅动人的画面:在老馆二楼的耳室,"几十年前,莘莘学子静悄悄踏进这些耳室时,会有知名的师长静候于此,与相识或不相识的学生促膝交谈,传道,授业,解惑。师生的情谊,知识的芳香,似乎还留存至今"。㉛

那个时代除了清华大学图书馆对读者的辛苦付出之外,读者对于清华大学图书馆的热爱也是由衷的。当时的报刊上记录了这样一些学生们自发帮助图书馆工作的细节——同学们自发地为热门书包上书皮,最后离开阅览室时,还帮助工作人员整理散乱的杂志与坐椅。还有一群"义务图书管理员",主动帮忙整理书架。㉜这种良好的风尚影响了其他同学,渐渐地有好多人都成为图书馆的义务管理员了。

你在书丛中走着,轻轻地走着,就像蜜蜂在花丛

⑳《探求知识的亲密助手:记图书馆为教学、科学研究的服务工作》,《新清华》,1961年9月13日,第607期第4版。
㉛侯竹筠、韦庆缘主编:《不尽书缘:忆清华大学图书馆》,北京,清华大学出版社,2001年,34～37页。
㉜《这是一种好风尚,图书馆里的二三事》,《新清华》,1961年6月9日,第599期第4版。

图书馆员在书库里工作。

中穿行,你在书架间走着,匆匆地走着,拿进一本书,又拿出一本书,你在工作,就像蜜蜂在采蜜。但,点点的花蜜不是为了自己。㉝

1959届清华校友沈琨,曾经写过这样一首小诗《图书出纳员》,歌颂一位图书馆的普通出纳员。那是一个"劳动最光荣"的时代,在当时人们的心目中,"工作是美丽的"。诗歌作者用不倦地辛勤采蜜的蜜蜂来形容图书馆员,形象而又生动,道出了清华大学图书馆的工作人员在大学生心中的美好形象。

1962年,清华大学图书馆迎来了她的五十周年

㉝侯竹筠、韦庆媛主编:《不尽书缘:忆清华大学图书馆》,北京,清华大学出版社,2001年,84页。

生日。当时,中国的三年自然灾害刚刚过去,经济正在缓慢的恢复当中。而图书馆在那个时代的发展,也带着明显的时代的痕迹。经过了十多年的发展,图书馆的资源有了大幅度的增长,队伍有了大幅度的扩大,图书馆的规模扩展到了新中国成立之初的数倍,与那个时期已经是不可同日而语了。

从1949年到1965年,清华大学图书馆有了显著的发展。20世纪50年代的院系调整,使得图书馆的资源建设有了很大变化,资源和服务的针对性都更强了,同时也具有了一定的局限性。馆藏资源的数量从41万册迅速增长到了1966年的135万册,其中还有18万册被调拨到其他高校图书馆未计算在内,这样的一个增长速度是少见的。因为馆藏数量的迅速上升,1931年建设的图书馆馆舍的容量达到了饱和,从这个时期开始,图书馆的馆藏空间开始显现出了紧张的态势。图书馆的工作人员从30人增长到了70人,其中有许多是新中国成立之后招入的年轻人,他们对于清

很难得的一张20世纪60年代图书馆职工在香山郊游的照片。图中最左边的这位(郑善夫)可能正在说着什么有趣的话题,引起周围其他人特别是小朋友们的极大兴趣。照片中洋溢着那个时代图书馆职工的生活色彩。(杨天民提供)

华大学图书馆的未来满怀着憧憬和期待。

1966级清华校友曹群英这样回忆起那个年代图书馆的变化。"那时图书馆总是很挤,各系的学生交混在这同一片文化的屋顶下面。图书馆的室内空间融汇着千百年的文化积累,说它是古城堡也没什么不对,我们这些年轻人可以在这里同各代文化巨人长谈。"[34]

这位校友和当时的图书馆工作人员无论如何都没有想到,一场席卷全中国的风暴就要来临了。

[34] 侯竹筠、韦庆媛主编:《不尽书缘:忆清华大学图书馆》,北京,清华大学出版社,2001年,39～41页。

年轻的学生在图书馆门前,他们现在可能都无法想象出,他们正在凝望的这座建筑在四十多年之前,曾经历过一段突然变得冷清了的日子。

"文革"时期的图书馆大阅览室,摄于1975年。

"文革"十年
1966—1976

1966年5月开始,一场名为"文化大革命"的运动爆发,并且迅速席卷了全国各地。工厂停工、学校停课、一些地方的党政部门负责人"靠边站",整个中国陷入了严重的混乱状态之中。6月,处于政治风暴中心的清华大学开始了"停课闹革命",一切正常的教学科研活动都停止了。那个时候的清华图书馆人没有想到,这样的混乱状态将在此后持续数年。清华图书馆陷入了历史上发展较为缓慢的时期。

在那个疯狂的年代里,在图书馆里静静地读书,已经变成了一件不可思议的事情。教师和学生们被这场史无前例的"文化大革命"裹挟着,放下了手里的书本,走出教室和图书馆"闹革命"去了。校园里贴满了大字报,学校失去了正常的学习生活和秩序,正常的业务工作已经无法进行了,图书馆不得不关上了大门。

1967年,校园内的政治运动日趋狂热,两个政见不同的派别开始发生冲突,最终发展成为大规模的武斗。受到混乱状况的波及,学校里的科学馆资料室等单位图书损失严重。此时,图书馆工作人员也因为政治观点的不同而分为两派,但是两派都具有保护馆藏资源的意识,达成了一个约定:不管怎样,都要保护图书馆的馆藏图书,两派的斗争只在馆外进行。为此还专门在馆里张贴了告示。出于职业意识，在那个动乱的年代里，大多数图书馆员自觉地担起了保护馆藏书刊的任务。

在武斗最激烈的时候，曾有人打算将长矛等武器运进图书馆，遭到馆员们的坚决抵制，那些人只得悻悻而返。十年动乱中，图书馆馆藏基本未受损失，得到较好的保护，是非常值得庆幸的。

"文革"的混乱严重地冲击了图书馆正常业务的开展。1967年至1969年三年期间，清华大学图书馆平均每年入藏中文图书不到1700册，1967年仅采购图书717册。1970年采购经费支出47 000元，为1966年的五分之一。1965年订阅期刊2395种，而到1970年则下降至873种。[1] 图书馆的资源建设几乎停滞。

"文革"期间，全国各地的红卫兵组织印制了各种类型的出版物，如报纸、评论、讲话、资料选编等，数量繁多。一些图书馆工作人员极具远见，敏锐地抓住了时机，通过征集、交换、购买等方式，有目的地广泛收集这些资料。这项工作从1966年底开始，一直持续到1969年。

今天，这些"文革"资料已经成为清华大学图书馆的重要馆藏。经统计，计有期刊5637种31 192份、各类资料9086种17 332份、报纸6184种89 783份。这些资料留存了那个特殊时代的重要的原始信息，成为后人对这场发生在中国大地上的空前的政治运动进行深入研究的珍贵的第一手资料。

1969年9月，在走"五七道路"的号召下，清华大学的大批教职员工被安排到遥远的江西省，那里有一个名字听上去很有些诗意的地方——鲤鱼洲，他们要在那里接受"劳动锻炼"。图书馆部分工作人员也被分批派去了鲤鱼洲农场，参加了那里的开山凿石、修筑堤坝、开垦荒地、插秧种田的劳动。

那个时代有一个口号叫"人定胜天"，人们凭着一股热情，想要用人力改造自然环境。鲤鱼洲农场位

---

[1] 方惠坚、张思敬主编：《清华大学志》上册，北京，清华大学出版社，2001年，580页。

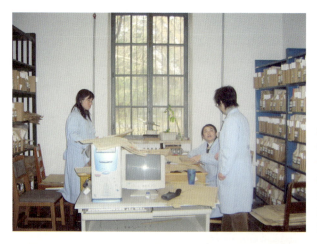

2006年,图书馆流通部的工作人员开始整理"文革"资料。经过他们数年的辛苦努力,这些已经尘封了四十年的历史文献被完好地揭示了出来。

整理完成的"文革"资料,井井有条地排列在书架上,成为清华大学图书馆的特色馆藏。

于江西省南昌市东郊约五十公里的鄱阳湖边,当时的工作是在这里围湖造田,以获得更多可耕种的农田。鄱阳湖区有辽阔的湖滩草地,普遍孳生钉螺,曾是我国最严重的血吸虫病流行区之一。在湖边水田中劳动,极易感染血吸虫病。在酷日当头时分,有的人为避暑热将全身浸入湖水中纳凉,更是成为血吸虫侵袭的对象。一些馆员因此罹患血吸虫病,身体受到了伤害。

1971年9月,鲤鱼洲农场的图书馆员随清华教工一起全部返回。

《人民画报》刊载的那个时代的劳动照片,说明文字为"在艰苦创业的过程中,清华大学和北京大学的教职工同当地的贫下中农一起,参加修固鲤鱼洲圩堤的大会战"。②

1970年,国家的政治形势趋向相对的稳定,学校也开始招收工农兵学员,图书馆恢复了开馆。由于此时仍然处于"文革"时期,学校师生要连续不断地进行政治学习和参加各种名义的政治运动,图书馆的业务活动和读者服务依然难以正常开展。这一时期读者可以利用的文献很少,大部分人文社科类图书都被当作"毒草"封存起来。而可以出借的小说只有《艳阳天》《金光大道》《激战无名川》等屈指可数的几种,校园内的文化生活处于极度贫乏的状况。

然而,大多数在校学生十分珍惜宝贵的学习机会,抓紧时间努力学习科学文化知识,图书馆仍然是校园内重要的学习场所。

"开门办学"是"文革"中后期"教育革命"的重要形式,课堂要办到工厂和农村去,教学内容要紧密联系工农业生产实践。为了满足下厂师生的资料借阅需求,图书馆组织下厂小分队,扛着装满图书的帆布提包或者专用书箱,为下厂点送书,现场办理借阅手

②《人民画报》,1970年第10期,47页。

少数民族大学生在清华大学图书馆学习,这张照片应该是为了宣传的需要专门拍摄的。但是,在那个混乱的年代里,在到处都是一派革命口号的时代背景下,仍然有这样一个安静的学习角落,让人的心中感到一丝暖意。③

续。在北京市区西单附近的新文化街(原石驸马大街)上,有一栋砖木结构的楼房,为京师女子师范学堂旧址,后为清华大学夜大学所利用。由于处在城中,交通方便,许多开门办学的同学住在这里,图书馆下厂小分队也将其作为一个重要的图书存储和中转的地点。那座建筑后来被拆除,建起了几座居民楼。

1971年,学校决定将东区几个系的图书室合并起来,成立图书馆分馆,设在中央主楼的五层。主楼分馆占据了该楼层的大部分区域,而东端的房间则由政治课教研组使用。分馆设置中外文书库、出纳台、期刊阅览室等设施,为学校读者提供服务。后来,俄文图书编目业务也随俄文书库迁入主楼分馆。为解决空间紧张的困难,还在楼层中部搭建了简易库房,存储老旧外文工具书等馆藏。1991年逸夫馆投入使用后,

③《人民画报》,1973年第3期,37页。

新文化街马路北侧的鲁迅中学亦为京师女子师范学堂旧址,是全国重点文物保护单位,与清华大学夜大学的建筑外观和结构都相同。

"文革"时期中央工艺美术学院图书馆(清华大学美术图书馆)送书下厂的专用书箱。1999年,中央工艺美术学院与清华大学合并,该馆成为清华大学美术图书馆。

主楼分馆撤销。

1972年,是清华大学图书馆成立六十周年,在那样的一个时代,很多正常的工作都被停止了,图书馆根本无法有正常的发展机会。资源建设、读者服务等常规业务工作无法开展,图书馆的工作人员那时所能够做的,就是对图书馆建筑进行了系统的整修,对于这座图书馆今后的发展来说,这也是一件很有意义的工作。

如今已经很难找到一张主楼分馆的照片了。这是20世纪80年代末图书馆团支部借用主楼分馆场地举行联欢活动。

此照片拍摄年代不详,但是从中可以看到,图书馆大书库的二、三层之间是打通的,隔层楼板在抗战期间被日本军队拆除,一直都没有恢复。1971年开始的图书馆建设和修缮工作,为大书库的二、三层之间增加了一层隔板,将大书库恢复到了抗战之前的样子。(顾鎏文提供)

自1971年开展"乒乓外交"之后,中国逐步恢复与美国、日本等国家的交流,来清华大学进行访问的国际团体和个人越来越多。1972年初,图书馆进行了馆舍内部修缮工程,将残破不堪的软木地板更换为水磨石地面,楼内所有墙壁和天花板进行了粉刷,全部

1972年,日本首相田中角荣访华期间到清华大学赠书,左一为田中角荣,右一为刘冰,右二为张维。④

阅览桌椅、壁橱、楼梯扶栏也重新进行了整修和油漆。不少图书馆员参加了修缮工程。修葺之后,馆舍内部焕然一新,为外交接待活动提供了良好的条件。

抗战胜利清华复员后,图书馆大书库的首层和二层钢制书架得以重建,而三层书架却一直没有恢复。经学校有关单位进行测绘、设计,委托北京南苑某工厂加工架体构件,1973年夏季按原状恢复了三层书架,并在二、三楼之间加入了隔层。三层书库建成后,主要用于存放古籍线装本馆藏,直到1991年逸夫馆启用。

1972年9月,日本首相田中角荣来中国访问,中日之间实现邦交正常化。在这次历史性的访问过程中,为了表达对中国人民的友好,田中角荣在访问清华大学的时候主动提出来,要向清华大学图书馆赠送一批日文书籍。

之后,图书馆组织教师和馆员,根据《日本综合图书目录》(1972年版)编制了"书单",于10月提交日方,供选择图书时进行参考。"书单"分工具书、自然科学及工程技术、社会科学三大类,共列入4591种8553册。同时还希望更多地补充日本著名理工科大学、工程技术学会、研究所、大工业公司、株式会社的学术性和技术性出版物,以及自然科学基础理论、电子、化工、冶金、精密仪器等学科方面的最新出版物。

④ 转引自刘冰:《风雨岁月:1964—1976年的清华》,北京,当代中国出版社,2008年,154页。

日文书单照片，列表清晰、书写认真，反映出来图书馆员严谨细致的工作态度，即使在那样的一个不正常的时代，这种一丝不苟的职业素养也保持依旧。

1973年5月26日，日本自由民主党访华团赠送清华大学图书的赠书仪式在清华大学举行。自民党日中邦交正常化协议会会长小坂善太郎向清华大学赠送包括科技、历史、哲学、文学、美术等方面的书籍，共计约9700余册。

时间进入20世纪70年代后，在"文化大革命"那样的一个非正常的时代背景下，清华大学图书馆在尽可能地、慢慢地恢复着它正常的秩序。它仍然在以宽广的胸怀，接纳着逐渐在增多的渴求知识的年轻人。毕竟，这种不正常的状态总会过去，对于代表着未来的年轻人，总有那么一天，历史将翻开新的一页，尊重知识、认真学习的意义会显现出来，因为——知识就是力量。

1975年的图书馆大阅览室,在那个时代里,学习的人不像过去那么多了。这张难得的彩色照片拍摄者为1971年发生在欧美的中国学生"保钓运动"的参加者杨思泽。他没有想到的是,将近四十年后,他们参加"保钓运动"的资料被作为清华大学图书馆的特色资源收藏,而从中也才找到了这张珍贵的20世纪70年代的清华大学图书馆照片。(杨思泽提供)

图书馆三期建筑素描图,绘于1990年代。

改革开放
1977—1998

1977年，结束了十年"文革"，中国开始逐渐走上了建设和发展的正轨。

1977年恢复了高考制度，许许多多因为"文革"而耽误了学业的年轻人，终于又有机会跨入学校的大门。作为一群有头脑和有思想的年轻人，清华大学工程化学系化72班的学生，首先提出了"从我做起，从现在做起"的口号。这一振奋人心的口号立刻传遍了全国。这样一批被耽误了的年轻人，更加懂得珍惜他们来之不易的上大学读书的机会，他们如饥似渴地投入到了学习生活中。

清华大学图书馆迎来了它历史上又一个迅速发展的时期。动乱结束，各个机构和业务部门得到了恢复，资源建设、读者服务等图书馆的各项业务工作迅速恢复了正常。结束了十年"文革"的混乱状态之后，全社会求发展、求进步的愿望空前强烈。清华大学图书馆的工作人员也一样，他们用新时期高涨的建设热情，推动着图书馆各方面工作不断改善和前进。

百废待兴的中国社会，对于发展具有极大的渴望，而发展的渴望又转化为对知识的渴求。由于社会的提倡，热爱学习、认真读书成为那个时代的风尚。新一代的大学生又纷纷来到了图书馆，在这里读书学习，辛勤地汲取知识的营养。在"文革"期间一度"门前

20世纪70年代末的清华大学图书馆大阅览室,青年学子们在如饥似渴地学习。那是一个渴求知识的时代,大阅览室的空间利用也发挥到了极致,每张阅览桌由正常状态下坐8人扩展到了12人,阅览室座位仍旧供不应求。

冷落'车'马稀"的图书馆,很快就恢复了熙熙攘攘的热闹。不仅如此,图书馆受欢迎的程度很快便超出了它的容量,以至于到图书馆自习变得"一座难求"。许多读者在图书馆开馆之前便早早地在大门外排队,为的是能在图书馆占据一个自习的座位,进而,更有学生帮助他人占座位。此后,如何解决占座引起的矛盾成为长期困扰图书馆工作人员的一个大问题。

那个时代的大学生们,大多都会有这样的经历——在图书馆大门口排队,等候开馆后进去抢占一个座位;在图书馆图书出纳台前排队,等候工作人员拿出自己想借的书;甚至在图书馆检索目录柜前也要排队,等候能够使用目录卡片柜查找所需的图书。每个新入校的学生会得到图书馆发放的一本借书证,里面有5张借书卡,最多可以同时借5本书。学生们填写好索书条，就站在出纳柜台外面，等候着图书馆工作人员进书库找出他们所需要借阅的图书。

那时候图书馆的出纳台前、目录厅里，经常拥挤着急于找寻自己需要的图书的学生们。由于、高涨的学习热情，他们迫切地期待着能够找到或者借到自己想要的图书，又不得不耐心地等待着图书馆工作人员帮助他们解决问题。传统型图书馆，手工作业的模式，图书闭架管理，越来越体现出其局限性，已经远远不

第一出纳台是当时借阅人文社科类图书的出纳台，虽然当时清华大学还属于工科大学，但是对人文社科类图书感兴趣的学生却并不少。

第三出纳台是当时借阅科技类图书的出纳台，学生们通过旁边的一个存放目录柜的小房间查阅到所需图书，然后在出纳台递交索书条，等候办理图书借阅手续。

能满足广大学生的需要了。

通过书名目录或作者目录，可以检索到自己想要借阅的书籍，然后通过图书馆工作人员从书库中找书。这是图书馆传统的借阅方式——闭架借阅。这种借阅方式对于读者搜寻自己想要的图书特别是浏览相关书籍有很大的限制和不便。在其后的一段时间里，图书馆一直在进行着一种新型借阅方式——开架借阅的试验，让读者自行进入书库，自己在书架上找寻需要的图书。

1979年4月，图书馆新设的一批开架、半开架阅览室开始投入使用。全部开架的有教师科技图书阅览室、学生科技图书阅览室、社会科学期刊阅览室、报纸阅览室；半开架的有社会科学图书阅览室、外语阅览室等。图书馆开始在部分阅览室试行开架借阅制度，推动着读者服务向一个新的方向探索。

1978年后，中国进入了改革开放的新时代。经过一段时间的与世隔绝，打开了国门的中国，以陌生的姿态，好奇地面对着外部世界。这个时期，中国在走向世界，世界也在关注着中国。清华大学图书馆也迎

学生们在认真地查阅图书目录卡片，桌子上面堆放着使用过的或者正在使用中的目录抽屉。在那个时代，学会查卡片是当时学生们到图书馆借书的基本功。（万锦堃提供）

来了又一个对外交流的新时代,清华图书馆人在努力地了解国外图书馆行业的动向,学习国外的先进经验,带动自身的发展。

1980年6月,清华大学图书馆馆长史国衡作为团长,率中国大学图书馆访问团赴美国进行了历时一个月的参观访问。这是中国大学图书馆界在与世隔绝几十年之后第一次与外部世界特别是西方世界的沟通和交流。回国之后,史国衡撰写了一篇文章,谈到了此次赴美访问的感想:大学图书馆是大学的心脏,大学图书馆应以服务至上为目的,大学图书馆应重视馆际协作、资源共享,大学图书馆管理工作需要制度化。①

① 史国衡:《访问美国大学图书馆的几点收获和感想》,《清华大学教育研究》,1981年第2期。

1979年加拿大议会代表团参观清华大学图书馆,向图书馆赠书。中间接受赠书者为馆长史国衡,右为副校长张维。(档案馆提供)

中国大学图书馆访问团在美国访问期间,在波士顿的西蒙斯学院留影。(史秋明提供)

1982年4月，在清华大学图书馆举办了国内高校图书馆界第一个计算机目录检索系统QBRS系统成果鉴定会，中立者为副校长张维。

读者在试用位于图书馆一期建筑大厅内的QBRS系统。据《人民日报》报道，该系统"是运用电子计算机代替人工查找西文图书的一种现代化技术"。"这项现代技术的应用，是我国图书管理的一大进步。"[2]（万锦堃提供）

改革开放

131

②《人民日报》，1984年2月24日，第6版。

　　追赶世界图书馆行业新技术的脚步没有迟疑。1978年，清华大学图书馆就成立了计算机应用研究组，集中优秀的技术骨干，跟踪和研究图书馆行业新技术发展的动向。之后研究组经过科研攻关，在国产DJS—130小型计算机上研制成功的多用户联机书目检索系统QBRS继1982年11月通过科研成果鉴定之后，经过四个月的筹备，于1983年4月起正式开放服务，成为我国图书馆界首先投入实际应用的计算机书目辅助检索系统。

　　此后，图书馆在利用新兴的计算机信息技术开拓图书馆业务发展方面进行了持续的探索。1986

年，图书馆国际联机终端检索开通，可以联机检索美国Dialogue数据库的数据。1987年，引进了美国BIBLIOFILE光盘系统，实现了西文图书自动化编目。1989年，由清华大学图书馆担任协作组组长，承担了国家"七五"重点攻关项目——"中国科学与工程文献数据库"联合建库试验（UDT）科研任务，1991年通过了国家科委组织的成果鉴定。

1982年，清华大学图书馆迎来了七十岁生日。七十年过去了，这座图书馆和它的建设者们都已不再

时任馆领导与计算机组工作人员合影。这个团队里集中了当时图书馆优秀的年轻技术人才。（万锦堃提供）

图书馆计算机应用研究组使用的国产DJS—130计算机，这是当时大学里的重要设备。（万锦堃提供）

年轻。十年"文革"动乱使得那个时代的经历者岁月蹉跎,十年的光阴倏忽而逝。十年之后,新一代的年轻人进入了图书馆,他们的到来,给已经有七十年历史的清华大学图书馆带来了新的活力,这座已经经历了半个多世纪风雨的建筑,需要为它的将来担负起建设责任的年轻人,他们将成为这座图书馆未来建设和发展的主力军。而老一代的清华图书馆人则进入了退休年龄,他们把沉甸甸的接力棒交给了年轻一代。

图书馆的建设者们为自己制定了新的奋斗目标,在 1985 年至 1990 年的五年改革计划中,明确地提出了"用十年左右时间,把图书馆建设成世界上有影响的、在国内高等学校中处于第一流先进水平的、具有清华特点的全校图书资料情报中心"③的目标。从此之后的五年里,清华大学图书馆各方面工作在这个改革计划的推动之下顺利前进。按照这一计划,在读者服务方面,图书馆延长了开馆时间,并逐步扩大开架出纳以方便读者。在资源建设方面,有意识地优化馆藏结构,重点收藏科技方面的学术专著、重点学科的核心期刊和会议录、各种重要的参考工具书和检索工具书刊。

自 1980 年代中期开始,清华大学的文科院系和专业得以陆续恢复,向着一所真正的综合性大学的目标

③ 清华大学校长办公室编:《清华大学一览》,复 2 期(1985—1986 年度),北京,清华大学出版社,82 页。

1983 年图书馆馆员为纪念几位老同志离退休合影。中排胸前佩戴大红花者为宋廷弟、徐静贞、史国衡、徐永强、唐绍贞(自左至右),他们即将告别曾经工作了几十年的图书馆工作岗位,享受自己的离退休生活。(唐绍贞提供)

迈进。而大学图书馆对于综合性大学的作用，许多文科院系的教师对此有着尤为深刻的认识。

大学图书馆绝不只是借书还书的地方，更不是教材借阅处，这样的观点是把图书馆的作用看得太低下了。图书馆除了可以给学生提供知识之外，还可以给学生很多方面的教育——学术标准的教育，学术发展路线和发展层次方面的教育，还有做人方面的教育。

大学图书馆是人类文化遗产在学校里的代表。

年逾八旬的清华大学历史系教授刘桂生，说起图书馆对于大学的重要意义来，仍然抑制不住激动的情绪。其实，刘桂生教授可以算是清华大学里"泡图书馆"的代表性人物，对于馆藏图书非常熟悉。曾经有那么一个阶段，图书馆很多人文社科类图书和期刊的借阅期限表里，都留有他的借阅记录，看到的人都十分敬佩。

老馆阅览室的书柜和里面装满的经过岁月磨蚀的老书，散发着迷人的光泽，吸引着一代代年轻的学子去品味和感受那厚重的历史和文化积淀。

1985年5月，受当时的国家教育委员会委托，清华大学成立了外国教材中心图书室，系统收藏国外著名大学理工、经管学科的教材、教学参考书和博士论文（缩微平片）。在那个改革开放的早期时代，外国教材中心很快引进了美国斯坦福大学、康奈尔大学、麻省理工学院、加州大学伯克利分校等世界一流大学的教材，成为了中国大学学习和借鉴国外一流大学教学和科研经验的一个重要的窗口。

成立之初的清华大学外国教材中心图书室位于清华大学南门附近的一栋临时建筑里，20世纪90年代初图书馆三期建筑落成之后，重新迁回到了图书馆。

清华大学外国教材中心工作人员与馆领导一起接待来访者，左一为时任馆长顾廉楚。（刘玉兰提供）

通过采购、交换、接受赠送等种种途径和措施，图书馆馆藏的数量和质量得到了很大的改善。1990年，根据全国文献资源调查工作的部署，图书馆对馆藏文献作了比较全面仔细的调查评估，馆藏资源总量为234万册／件，形成了以较高学术水平的自然科学和工程技术文献为主体的综合藏书体系，工科类文献

图书馆举办外国教材图书展览，受到学校师生的关注。通过展览选购了一大批国外一流大学的教材，为改革开放时代的师生们打开了一扇通往外界的窗户。

20世纪80年代中期拥挤的图书馆大阅览室，充满着浓厚的学习气氛，学生们聚精会神地埋头认真学习。已经有五十多年历史的图书馆空间不足的问题已凸显，需要一个更大的图书馆空间来满足师生的需要了。（档案馆提供）

清华大学图书馆三期建筑奠基现场,几位嘉宾正在掀起覆盖在奠基石碑上的红布,这一时刻开启了清华大学图书馆建筑的一个新时代。图中自左至右为:滕藤、高景德(时任清华大学校长)、马临、姬鹏飞、郝建秀、方逸华。

资源在国内高校中居于领先地位。

　　1988年5月21日,图书馆三期工程(西馆)奠基,经过了半个多世纪的历程,清华大学图书馆终于迎来了一个新的扩建的机会。由香港实业家邵逸夫捐款2000万港币,教育部和学校拨款940万元人民币,1991年9月建成。

图书馆三期建筑门厅内的墙上镶嵌了邵逸夫捐赠纪念牌,以纪念这位香港电影界巨子对这座建筑的贡献。

关肇邺，清华大学建筑学院教授，中国工程院院士，清华大学图书馆三期建筑的设计师。（韩孟臻提供）

图书馆三期建筑的设计者是中国工程院院士、清华大学建筑系教授关肇邺。关肇邺本着"尊重历史、尊重环境、为今人服务、为先贤增辉"的设计理念，充分体现清华园建筑的形象特征："红砖墙、坡瓦顶，局部平顶女儿墙，主要部分或重点门窗用半圆拱，西洋古典建筑细部，隐没在绿荫或爬墙虎之中，具有宁静的文化气氛"④。新馆设计不追求豪华气派，未使用高档装修材料，在处理手法上不追求新奇别致，构思庄重简朴，具有较浓郁的学术文化氛围，保持了原有建筑的"文脉"，较充分地体现出教育建筑的精神功能。⑤

三期建筑的正门设在前院的西侧，院中设水池和喷泉，作为互相垂直轴线的转换根据。主入口隐蔽于半开敞的前院之内，避免了对老馆的压倒态势；同时尊重了老馆的历史地位。新馆的内部设计考虑了现代图书馆的功能要求，馆内以检索大厅为中心，主要开架阅览室均围绕大厅布置，空间层次丰富。当读者步入馆门经过大楼梯进入大厅时，可透过玻璃看到四周多层环绕的书架、漂亮的门窗、飘逸的窗帘和青青蔓藤，让整个图书馆显得平和优美。这一设计既富于历史的延续性但又不拘泥于原有的建筑形式，古朴中透

④ 邓景康、韦庆媛主编：《邺架巍巍：忆清华大学图书馆》，北京，清华大学出版社，2011年，8页。

⑤ 黄延复、贾金悦：《清华园风物志》，北京，清华大学出版社，2001年，180～184页。

露出一派时代气息。

建成之后图书馆的三期建筑,新老馆舍浑然一体,在建筑风格和色彩上达到了高度的和谐和统一。馆内和馆的前庭后院及周围的布局,形成庄重典雅、幽美宁静、富有文化气息的学术环境,成为展示学校风貌的一个窗口。

从1982年开始设计到1984年落实方案花了三年时间,从1985年到1987年进行方案修改、扩初设计、报批到完成全部的施工图又是三年,从1987年底开工打桩正式施工一直到1991年9月竣工落成将近四年,也就是从设计到建成前后整整花了十年的时间,其设计施工之精细、严谨可见一斑。

清华大学图书馆三期建筑建成之后,获得了建筑业界和社会大众的高度赞誉,曾荣获国家教委邵逸夫先生赠款工程一等奖、中国建筑学会建筑创作奖、国家教委优秀建筑设计一等奖、建设部优秀建筑设计一等奖、国家级优秀工程设计金奖等奖项。更加重要的是,这座建筑与中央广播电视塔、奥林匹克中心及亚

图书馆三期建筑设计图。图中显示的是三期建筑与二期建筑之间的相互关系位置,并绘出了与大礼堂的相应位置关系。(关肇邺提供)

运村、首都图书馆新馆等其他九座建筑一起，被评为北京市二十世纪九十年代十大建筑。

1991年夏，本着边基建收尾、边搬迁、边开馆的方针，图书馆动员全馆员工冒着酷暑奋战，加上勤工助学学生们的帮助，对约180万册馆藏书刊资料作了搬迁、清理、除尘、布局调整，对新馆购置的6000余件家具进行了验收安置，更新了大约30万张目录卡片和15 000张导卡，[6]顺利地完成了大量馆藏由老馆向新馆的搬迁，并在开放之前完成了新馆的场地布置。新馆开放之后受到各界关注，1992年接待国内外参观者约1.5万人次。图书馆已成为展示清华风貌的一个窗口。[7]

图书馆三期新馆于1991年10月正式开放。新馆开馆之际，获得了广大学生的热烈欢迎，开馆第一天，学生们怀着兴奋的期待心情，簇拥在新馆大门外，等候着这座崭新的建筑向他们敞开大门。大门甫一打开，人群随即蜂拥而入，场面一时居然有些失控。如同冲

[6] 清华大学校长办公室编：《清华大学一览》复7期（1990—1991年度），北京，清华大学出版社，163页。

[7] 清华大学校长办公室编：《清华大学一览》复8期（1991—1992年度），北京，清华大学出版社，133页。

锋一般跑进图书馆各借阅室的学生，迅速地拥挤在开架出纳台前，差点把出纳台挤倒。一时间，图书馆的阅览室和书库里，充斥的是鼎沸的人声。

这座崭新、典雅而又功能齐全的图书馆受到了学生们的喜爱，在不久之后建筑学院学生会举办了"我最喜爱的清华建筑"的评选活动，在收回的近3000张

为了早日实现新馆的读者借阅服务，1991年暑假里将老馆的大约60万册图书一次性迁入了新馆，这项浩大的工程就是由图书馆员工和学生们完成的。

图书馆三期建筑凝结了从学校领导到广大师生的心血和汗水，图为在图书馆三期建筑完工的答谢会上，时任清华大学校长张孝文致辞。

此照片刊载于《新清华》，其说明文字为"1991年10月14日，全校广大师生期待已久的图书馆新馆部分开放，第一批对外开放的是中文科技书借阅室、小说借阅室和中文报刊阅览室。"⑧

选票中，新图书馆以2575票荣登榜首，大礼堂和二校门分别排在第二位、第三位。⑨

学生们用他们火热的激情和诗一般的语言，表达着他们对图书馆的热爱。

站在图书馆前，因巧夺天工的设计而浑然一体的新旧图书馆会以磅礴的气势使你屏住呼吸，而蕴涵的风格会触发你翩翩联想。穿过拱形的大门，登上一级级大理石阶梯，你就走进了目录大厅——不，走进了知识的海洋，四壁从天花板直泻而下的层层书架，包围着你，你仿佛面对着人类亘古的智慧与梦想，禁不住要扬帆书海，去探索知识，追寻真理……⑩

毕业两年后，我有一大感受：图书馆已新旧合璧，学习、研讨环境也上了一个新台阶，真想让自己重返母校再读三年。⑪

如走进大海／若攀登高山／万籁俱静的时刻／唯你耿耿难眠

思考昨天今天明天／探索过去眼前未来／满园春

⑧《新清华》，1991年10月25日，第1版。
⑨ "我最喜爱的清华建筑"属谁？，《新清华》，1993年3月5日，第3版。
⑩《新清华》，1993年4月25日。
⑪ 郑维丰："愿珍重这一段段日子"，《新清华》，1992年10月16日。

⑫ 周邦宁:"老校友的祝愿·图书馆",《新清华》,1994年3月25日。

色关不住／万朵红杏竟相开

哺育一届届／造就一代代／一座清华精神的辉煌大厦／我们就是你的砖瓦一块块。⑫

上面的这首清华校友创作的诗歌,同样饱含了对图书馆的深情。

图书馆三期建筑的落成,为清华大学图书馆的发展提供了良好的条件和机遇,新建筑带来发展的新要求,新发展需要新思路。图书馆在搬入新馆之时,在员工中开展了文明礼貌服务的活动,树立一切为读者的职业理念。为方便读者,对于常用的流通图书开始大规模地利用开架借阅的方式,在新馆舍里大面积设置了图书借阅一体化服务区,读者可以随身携带书包进入原先被隔离和封闭的库区,近距离直接接触图书,为选择有用的书籍和就近阅览提供了方便。开架服务是图书馆读者服务的重大变革,这一新的服务模式经过图书馆各级领导持续不懈的大力推动,终于在图书

图书馆三期建筑建成,给学生们提供了很好的阅览环境,也受到了学生们的欢迎。阅览室里经常是座无虚席。

1992年，图书馆三期建筑全面投入使用，加上原先的一、二期建筑，图书馆馆舍总面积达到了27 820平方米。全馆设阅览座位2800余席，藏书容量将达到300余万册。而这一年恰好是清华大学图书馆建馆八十周年，具有八十年历史的清华大学图书馆，在八十岁诞辰来临之际，拥有了一个更大规模的、庄重典雅的新馆舍，面积扩大为过去的四倍。馆舍面积的扩大，使图书馆的办馆条件得到了较大的改善，为图书馆进行馆藏布局的合理调整、为今后进一步发展创造了条件。此后的几年里，图书馆抓住发展的机遇，一步一步地推动图书馆建设事业向前迈进。

建成后的清华大学图书馆三期建筑，原先位于老图书馆门前的喷泉被重新迁移过来，再次成为图书馆的风景。在蓝天白云的映衬下，这座建筑与前面的两期建筑相得益彰，显得越发美轮美奂，富丽堂皇。

馆得到了普遍推行和广泛认可。

利用新馆建成的机遇,图书馆制定了《清华大学图书馆"八五"计划纲要》,确定了"狠抓基础,发展两翼"的工作重点和"面向读者,服务第一"的指导思想。资源建设和读者服务作为图书馆的基础工作,在以前工作的基础上扎实地向前推进。与此同时,以图书馆自动化和信息服务作为提升图书馆工作水平的"两翼",受到了高度重视。清华大学图书馆在尝试着利用图书馆自动化,来带动业务工作的全面改造和提升,此后的一系列工作实践以及所取得的成果表明,这是一个非常正确的决策。从此清华大学图书馆很好地利用计算机和网络技术的新发展,推动着图书馆的建设水平不断提升。

1992年11月,图书馆购置了日本富士通公司生产的FACOM K670/40型小型机设备,开始尝试着在图书馆管理中引入计算机系统。首先在新馆机房的主机和各出纳台、阅览室内的工作站实现了互联,进而实现了利用计算机系统进行借、还书管理,并尝试着开通了公共书目的计算机检索服务,这种公共目录检

新落成的图书馆三期建筑大厅,顶层设置了121个有机玻璃罩,使得阳光可以直接透射到下面来。大厅里设置了多排计算机机位,方便读者使用,同时保留了部分用于检索的卡片目录柜。卡片检索和计算机检索并存,反映出了图书馆向现代化发展的过程。

新图书馆前面的喷水池旁边摆满了盛开的鲜花,有了鲜艳花朵和朝气蓬勃的学生们,这座建筑更加显示出生机与活力。

索系统被简称为OPAC,日后很快就成为图书馆界普遍采用的服务模式。1993年年底,清华大学图书馆又在全国图书馆界率先试验开通了光盘数据库网,初步实现了校园网上的光盘数据库检索。

20世纪90年代初,图书馆成立了许多新的机构,扩展图书馆的服务方向和内容。1992年,直属教委的高等学校科技咨询及成果查新工作站成立,为科学研究、技术开发和成果鉴定服务。同年还成立了"北京清华科技经济信息咨询中心",开展面向社会的多层次信息服务。

1993年,成立了"科学技术史暨古文献研究所",将图书馆的历史文献与科技史研究结合起来,确立了中国科技史和科技典籍两个重点研究方向,产出了一批学术研究成果,成为国内中国科技史研究的一个重要机构,在科技史界产生了较大影响。

新的图书馆有了新的建设者队伍,对于新一代的图书馆建设者们，他们不仅要具备图书馆的相关业务能力，还要有结合业务工作开展学术研究、提升图书馆学术水平和业务水平的能力。1991年，图书馆成立了学术委员会，领导、组织图书馆的各种学术活动，大大提高了图书馆的学术气氛。

队伍的变化发生在20世纪80年代末和90年代初，清华大学图书馆开始有意识地成批引进具有高学历的年轻人才，以提升图书馆工作人员的素质，这在

1992年在清华大学图书馆举办的北京地区高校图书馆自动化技术交流展示会，展示了那个时期国内图书馆界自动化发展的最新成果。

1993年科技史暨古文献研究所成之后，举办过许多学术活动。图为"第五届中国科技典籍国际会议"会场，这次会议在新落成的清华大学人文社科图书馆举行。

当时是一个相当具有前瞻性的决策。一批具有学士、硕士甚至博士学位的年轻人进入了图书馆，除了一些具有图书馆和情报学专业背景的年轻人以外，也有具有人文社科或者自然科学或者工程技术专业背景的年轻人。这些人的到来使图书馆工作人员的平均学历水平大大提升。其中部分人员经过图书馆工作生活的锻炼，在这里成长了起来，经过十几年的磨炼，他们成为后来图书馆的管理骨干和业务骨干，撑起了清华大学图书馆发展的天空。

1994年、1995年两年里，图书馆在新馆搬家完成后，继续进行新老馆的馆藏资源布局调整，在新馆先后设立了中文科技类图书和人文社科类图书的借阅一体化服务区，在服务区内不仅实行图书的开架，而且配置了阅览桌椅，读者可以带包入场，在服务区内进行阅览学习。

在这个时期，清华大学图书馆正在酝酿一个"大动

"年轻的朋友们，今天来相会，荡起小船儿，暖风轻轻吹。"这是一首20世纪80年代青年人中广为传唱的歌曲。那个时代的清华大学图书馆集中了一群年轻人，他们大多在"文革"之后接受了正规的大学教育，既有理想和抱负，又有脚踏实地的干劲。他们唱着那个时代的歌曲，将为清华大学图书馆的未来谱写更为美妙的乐章。

作"，这个动作完成之后，将对这个图书馆的未来发展产生意义深远的影响。这就是积极争取学校"211工程"经费支持，进行图书馆计算机管理系统的更新和网络改造。为此，图书馆集中技术力量，进行了大量调研和技术论证，同时，从部门抽调人力对数十万条已有数据进行清理，为新的管理系统做好充分准备。

在这个改革开放的时代，光有对外开放、学习境外先进图书馆的积极性还不够，还需要做踏踏实实的实际工作。1994年，清华大学图书馆与香港理工大学图书馆签订协议，两馆建立了合作交流关系。这是清华大学图书馆真正大规模派出馆员到境外学习先进的图书馆管理制度的开始。从此，在香港理工大学图书馆的帮助下，清华大学图书馆先后派出大约五十余名业务和管理骨干赴香港，访问香港地区的大学图书馆，实地考察和学习香港大学图书馆界的先进管理模式和业务组织方式。境外先进图书馆的理念、模式和做法经过这样的学习、传播，开始在清华大学图书馆的工作人员中产生了潜移默化的影响。

1995年，台湾新竹清华大学图书馆代表团一行16

1994年9月，在图书馆三期建筑门前举行了"逸夫馆"命名仪式，时任清华大学校长王大中在仪式上讲话。从此之后，这座建筑将以捐赠者的名字命名，这开创了图书馆建筑的先河。

人到访清华大学图书馆,这是海峡两岸清华大学图书馆之间的第一次正式的全面接触和交流。有着同根同源关系的两个"清华大学图书馆"的工作人员坐在一起,自然而然就有一种特殊的亲近感,双方在许多方面都进行了深入交流,并且开启了两馆之间的长期合作。

1996年是清华大学图书馆发展历史上非常重要的一年。在这一年里,在学校"211工程"经费支持下,图书馆经过认真论证,斥巨资购进了美国INNOVATIVE公司的图书馆集成管理软件INNOPAC,这也是改革开放之后中国内地图书馆界购入的第一个先进的图书馆集成管理系统软件。在那个

⑬《明报》,1994年11月11日,第4版。

香港《明报》关于香港理工大学图书馆和清华大学图书馆之间达成合作交流协议的报道,旁边的照片中为清华大学图书馆馆长朱文浩和香港理工大学图书馆馆长贝励敦。⑬这次合作为改革开放时代的清华大学图书馆打开了一扇走出去、看看境外先进大学图书馆的大门。(朱文浩提供)

两岸清华大学图书馆学术研讨会现场,这次访问成为两个图书馆全面合作的标志。

年代，花数十万美元来购买一个计算机软件，还是需要相当精准的眼光和相当大的魄力的，后来的事实很快就证明了学校和图书馆的这个决策的正确性。通过全馆人员的共同努力，完成了软件的汉化处理、数据编制和迁入、管理和服务功能模块的试验运行，成功地在清华大学实现了图书馆的计算机集成化管理。这个计算机管理软件的成功运行，是一个标志性的事件，标志着清华大学图书馆在国内率先具备了一个现代化图书馆管理的基础环境和条件，运行管理水平上了一个台阶。

1996年8月，国际图书馆协会和机构联合会（IFLA）第62届大会在北京召开，这是国际图书馆界最为重要的会议。时任国际图联主席维奇沃斯和秘书长普拉特等国际图联的官员来到了清华大学图书馆参观，这座风格典雅、设施先进的图书馆给国际图联的领导人留下了深刻印象，国际图联主席维奇沃斯先生为图书馆留下了这样的题词：

这是一个在世界上任何地方都堪称杰出的图书馆。

在会议期间，共计约600多位与会的境外同行来清华大学图书馆参观访问，清华大学图书馆的环境

国际图联主席维奇沃斯和秘书长普拉特参观清华大学图书馆时，聚精会神地观看图书馆计算机管理系统操作员的演示。

清华大学图书馆积极参加了这个有史以来第一次在中国召开的图书馆界盛会。图为参加第62届国际图联大会的代表合影——自左至右为侯竹筠、朱成功、刘桂林（时任清华大学图书馆馆长）、孙平。

和设施、计算机集成化管理的先进模式使来访者感到"意外和兴奋"。这些境外的图书馆界同行对清华大学图书馆给予了高度评价。

　　会议期间，美国"联机计算机图书馆中心"（Online Computer Library Center）负责人访问了清华大学图书馆，双方签订合作协议，在图书馆新馆大厅里举行了清华大学OCLC服务中心成立仪

境内外来宾参观清华大学图书馆。国际图联大会期间，600余位境外图书馆界同行来参观访问，清华大学图书馆第一次如此大规模地对外界展示了自己。

国际图联大会期间举行的清华大学 OCLC 服务中心成立仪式，图书馆三期建筑崭新的大厅里站满了前来参加仪式的来宾。

式，开始了清华大学图书馆与美国 OCLC 的长期合作。OCLC 是世界上最大的提供网络文献信息服务和研究的机构，这个服务中心的成立，使得清华大学图书馆与国外先进的图书馆数据库管理中心建立起了联系，并为清华大学的读者以及国内其他高校的使用者提供服务。

在这一年里，清华大学图书馆成功地向国际图书馆界展示了其先进的设施条件和建设水平。

此后的一段时间里，图书馆继续深入扩展 INNOPAC 管理和服务各功能模块的管理功能，使之在图书馆的业务流程中正常运行，并配合新系统的运行，调整了原有的机构和工作制度，建立了新的业务秩序。随着 INNOPAC 系统的全面投入运行，图书馆的业务管理更加透明、高效，服务方式更加先进、快捷，更好地发挥了学校文献信息中心的作用，大大提高了对学校教学、科研和学科建设的支持作用。

与此同时，图书馆大力开展网络环境下的读者服务工作，不断探索和开拓新的服务模式和内容。1998年，建立"树华电子智源中心"，提供光盘和网络数据库信息服务，探索电子资源服务的新模式和途径。同年，图书馆在国内率先实行了学科馆员——图情教授制度，为学校各院系提供有针对性的服务；成立了信息服务中心，提供 SCI 咨询、专题检索等专门化咨询服务；提升馆际互借、文献传递服务能力，与国内外

1997 年、1998 年清华大学图书馆最早的两版中文主页和 1999 年的第一版英文主页。看上去很简单稚嫩，但它们是一个重要时代的开端。

美国国会图书馆来宾参观集中进行电子资源服务的"树华电子智源中心"。

多家单位及图书馆建立并保持业务联系；设置了专门的培训教室，开展文献检索课教学、讲座等读者培训，进行新资源利用的推广工作。至此，一个全方位的现代化服务模式的框架已然成形。

1998年1月，学校"211"工程一期验收，图书馆承担的工程项目"建设电子化图书馆"获得了学校的表彰。计算机集成管理系统INNOPAC在清华大学图书馆的成功运行，引领和带动了中国内地图书馆行业的一股引进国际先进计算机集成管理系统的潮流，使得图书馆可以搭建起现代化管理的先进平台，对中国图书馆事业的发展产生了深刻的影响。

自1977年开始，清华大学图书馆进入了一个迅速发展的新的时代。在这二十多年的时间里，得益于国家建设事业持续、稳定、顺利发展的大环境，得益于学校的高度重视和支持，清华大学图书馆的领导者们团结带领全馆人员，制订了具有前瞻性的、可操作的发展战略规划，抓住信息时代新技术发展给图书馆带来的发展机遇，在建成了新馆舍、优化了图书馆的环境之后，又在国内图书馆界率先引进了高水平的图书馆集成管理系统，并在此基础上对图书馆的业务分工和工作流程进行了有效调整和安排，实现了图书馆业务管理、读者服务的计算机网络化管理，使得清华大学图书馆具备了一个现代化图书馆的模型。经过了这样的二十多年的迅速发展，清华大学图书馆已经积累了更多的发展经验，积聚了更多的力量，去迎接新世纪更加灿烂的曙光。

图书馆的三期建筑掩映在茂盛的绿树丛中，绿树红墙之上挺立着高耸的屋脊，自有一种庄重和威严的气度，与远处连绵的西山相映生辉。面对这样的景象，使人不禁联想起清华老校歌里那句意味深长的歌词："西山苍苍，东海茫茫，吾校庄严，巍然中央。"

清华大学人文社科图书馆大厅,摄于2011年。

跨越新世纪
1999—2012

1998年5月4日,时任中共中央总书记、国家主席江泽民在庆祝北京大学建校一百周年大会讲话中,提出了"为了实现现代化,中国要有若干所具有世界先进水平的一流大学"的宏伟目标。这就是后来推动中国的优秀大学建设取得了阶段性、跨越式发展的"985"工程。

"985"工程为清华大学图书馆的发展带来了新契机,站在世纪交替的门槛上,清华大学图书馆的建设者们迎来了发展的大好时机。这个时机是在国家加快高等教育事业发展战略决策的大背景下,是在清华大学"建设世界一流大学"目标的带动下到来的,而图书馆的建设者们需要的是很好地抓住这样的一个发展契机,推动跨入新世纪的清华大学图书馆跃上一个新的发展平台。

1999年,在学校的支持下,图书馆制订了"985"工程建设和发展规划,开始启动"985"工程一期建设项目,资源建设、基础设施和运行管理等方面经费得到大幅度提升。这一年,图书馆的资源建设经费比前一年增长了近3倍,基础设施、管理运行、人员岗位津贴等方面的经费也有不同程度的增长。相对较为充裕的经费支持,为图书馆进入新一轮的迅速发展提供了有力的保障。

晚间的图书馆西馆建筑大厅，四周的阅览室里亮起了灯光，显得宁静而安详。置身于大厅之中，透过玻璃幕墙可以看到阅览室里的书架，以及伏案读书的身影，细节中显露出知识殿堂的特征，让人感觉到一种安宁的圣洁和崇高。

也就是在这一年，图书馆做出了一项重要决策，利用学校的支持，根据国际图书馆界的发展趋势，结合学校教学和科研的实际需求，对清华大学图书馆的馆藏资源进行了重大的变革。这一次，决策者们敏锐地把目光对准了新生的资源类型——电子资源，着手选购了一批学术水平高的电子资源数据库，并将部分原有的光盘数据库升级为网络版，提供给读者进行网上查询利用。这样的一种资源类型的成批购入并提供服务，标志着电子资源已经上升为清华大学图书馆的主要资料类型，图书馆的资源建设进入了印刷型资源和电子型资源并存的新阶段。到这一年的年底，图书馆的电子资源数据总量超过了 1TB。从此，读者可以方便地体验到在电脑上查询所需资源的那种神奇的感受。

1999 年，教育部"高等教育文献保障系统（CALIS）"正式启动建设，清华大学图书馆作为 CALIS 的全国工程文献中心，负责组织工程科学相关的文献资源的引进、服务和支持等工作。这不仅进一步为清华大学图书馆电子资源的购置创造了大好条件，也为正在蓬勃发展中的中国高校图书馆购置电子资源创造了大好的条件。清华大学图书馆抓住了这个时机，牵头组织了一系列电子资源采购的团组，联合国内数百所高校图书馆，购进了 Web of Science、ELSEVIER、IEEE/IEE、EBSCO、CSA、UMI、PQDD、INSPEC 等上百个电子资源数据库。[①] 经过一段时间的努力，电子资源的采购、服务在国内高校图书馆界得到了普及，电子资源上升成为高校图书馆的主要资源类型之一。在清华大学图书馆，电子资源的采购经费很快便超过了印刷型资源上升到第一位，图书馆的资源建设实现了历史性的变革。

电子资源的大量购置，特别是及时而又方便查阅的全文电子期刊数据库的购入，对师生所产生的影响超出了预期。如果一个读者需要查阅本专业领域的学术论文，按照传统的方式去查阅复印期刊，花上半天的时间，可以查到 10 篇左右，应该算是运气相当好的结果；而如果查阅电子期刊，只需要输入一个检索词，几分钟之内就可以获得几十篇、上百篇甚至更多相关

[①]《清华大学图书馆年鉴》（2000）年，6 页。

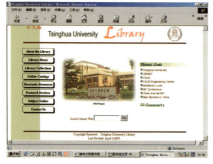 

2000 年图书馆新推出的新版中英文主页，其中在主页的醒目位置标识出了电子资源，以引导读者去学习使用。

读者在图书馆上网查资料,电子资源的神奇作用很快就被师生所认识,并且应用到了教学科研工作中。

的学术论文。难怪有科学家经常谈起在国外大学图书馆的便利,只需要花上一两天的时间,就可以弄清楚本专业的国际最新前沿的动态信息。这样的图书馆对学术研究的支撑作用,是学者们能体会到的。依靠逐渐变得丰富的电子资源,图书馆为学校学术研究提供的支持开始显露成效。从 1998 年到 2000 年,短短的三年时间,清华大学师生发表的 SCI 收录论文数量从 280 篇左右一跃超过了 1000 篇,上升至当年全国高校首位。

　　一个东方老国的城市,在建筑上,如果完全失掉自己的艺术特性,在文化表现及观瞻方面都是大可痛心的。

　　上面这段话是建筑大师梁思成语重心长的告诫语,被放在了由图书馆和建筑学院、计算机系三家单位合作研制的"清华大学建筑数字图书馆"的主页上。经过两年多的辛苦工作,这个数字图书馆的原型系统于 2011 年 5 月建成,作为清华大学图书馆在数字图书馆建设方面迈出的试探性的第一步。它以中国古代建筑为主题,特别突出收集了当年梁思成、林徽因等人率领营造学社的成员,踏遍中国 20 多个省所拍摄的古代建筑照片和手绘的测绘稿,以纪念梁思成诞辰 100 周年。

在迅速购入数字化资源的同时，清华大学图书馆也开始启动了自己的数字图书馆建设工作。2000年，图书馆确立了三个数字图书馆重点建设项目：清华大学教材和教学参考资料数字图书馆、清华大学特色资源数字图书馆和中国科技史数字图书馆。其后，成立了数字图书馆研究室，成功搭建起了资源数字化制作的平台。

2001年，清华大学迎来90周年校庆，学校拨专款对图书馆一、二期建筑及周边环境进行了修缮。修缮之后，图书馆老馆建筑及周边环境重新焕发出光彩，更加让人感觉到这座具有70年历史的老图书馆的不凡。

90周年校庆是学校的一个重要的纪念日，学校举行了隆重的纪念大会。对于图书馆来说，这也是一个重要的日子，清华大学图书馆的一期馆舍因为即将举行的一个重要的会议，成为国内外经济学家瞩目的焦点。校庆期间，在图书馆一期馆舍内隆重举行了清华大学经济管理学院顾问委员会第一次会议，时任国务院总理、清华大学经济管理学院院长朱镕基亲自出席了会议并担任顾问委员会名誉主席，高盛集团、花旗银行、摩根士坦利等企业界领袖和世界著名商学

"清华大学建筑数字图书馆"主页，flash软件显示的是梁思成和林徽因的头像，以纪念当年营造学社的那一代人对于中国古代建筑所进行的艰苦卓绝的调研工作。

图书馆建起了"贤志资源数字化中心"，利用现代化数字加工技术进行资源的数字化建设。

在图书馆典雅华丽的一期建筑内举行经济管理学院顾问委员会第一次会议，是当时学校领导认真选择后的决定。

90周年校庆期间，美丽的鲜花和葱茏的树木，把图书馆装点得分外艳丽迷人。

院院长50余人被聘为经管学院顾问，参加了此次会议。

图书馆在校庆期间举行了"文明服务月"活动，举办了馆藏珍品与赠书、今日清华图书馆等展览。展览中有一部分特别的展品，就是历经一年多时间，刚刚修复完成的抗战期间被焚毁的珍贵古籍。

5月底，在清华大学举办了"第12届新信息技术国际会议"（NIT'2001）。这是第一次在中国举办的较大规模的关于"数字图书馆及其相关技术，以及由此引发的社会效果及对策研究"的前沿性国际会议。会议有一个响亮的主题"进入新千年的全球数字图书馆进展——众多交叉学科合作的沃土"，旨在围绕数字图书馆研究和开发应用的最新进展、未来发展趋势、交叉学科合作、关键技术实用化等问题，展开深层次、全方位的分析、论述和交流。[2]

[2] Ching-chih Chen, Preface, Global Digital Library Development in the New Millennium.Beijing: Tsinghua University Press, 2001.

通过这次会议，清华大学图书馆希望能够站在新世纪的门槛上，以更具有前瞻性的眼光，展望新世纪初图书馆行业发展的方向，把握发展的脉络，迎接新技术带来的挑战和机遇。

2001年年底，经过了三年的努力，图书馆"985"工程一期建设项目验收。完成三项预定任务：补充各类文献资源，特别是紧缺的印刷型文献；电子化图书馆建设上新台阶，成为国内数字化资源最丰富、信息服务水平最高的大学图书馆之一；进一步改善馆风馆貌，成为学校精神文明和物质文明的窗口。

2002年，图书馆开始启动"211"工程二期建设项目，2003年，开始启动"985"工程二期建设项目。

NIT国际会议会场。（档案馆提供）

2001年3月起，图书馆利用梁洁华基金支持，系统购入了诺贝尔奖设立一个世纪以来32个国家的98位诺贝尔文学奖获得者的著作、演讲稿和传记作品，共计1250余册。这批珍贵的著作目前已经成为清华大学图书馆的特色珍藏，其中的相当一部分已经绝版。

在"211"工程、"985"工程经费支持下,图书馆的资源建设、读者服务、网络基础设施和数字图书馆建设等方面进入了快速发展的时期。到2002年年底,清华大学图书馆的文献资源总量达到了269万册/件,电子资源数据库209个,全文电子期刊14 900种。③ 图书馆的资源建设取得了之前无法比拟的发展成绩,电子资源开始成为图书馆最主要的资源类型之一,并以其特有的及时、方便、快捷的特点受到广大读者的欢迎。

经过了90年的建设和发展,清华大学图书馆在它90年诞辰的时候,迎来了从传统型图书馆向数字化图书馆转型的一个新阶段。在这个阶段,图书馆在资源建设、读者服务、环境设施等方面都与传统型图书馆的模式告别,图书馆正在实现着由传统型向现代化的过渡。在这个阶段,图书馆提出了"以读者为中心,以服务为主导"的理念,进一步明确了围绕读者服务开展图书馆各项工作的思想。

2003年,一场突如其来的SARS疫情袭击了中国大地。北京市的部分地区受到了侵害,一时间泛滥的疫情震撼全国。在这样不寻常的时期,在疫情的高压之下,清华大学图书馆的大门仍旧像往常一样,每天周而复始地敞开着,学生们每天仍然像往常一样,来

③《清华大学图书馆年鉴》(2002)年,6页。

跨越新世纪

167

晚间的清华大学图书馆,所有的窗户里都亮起了柔和的灯光,照亮了图书馆周边的环境。经过了一个世纪的积淀,这座知识的宝库已经具备了相当宏大的规模,一个世纪的风霜雨雪,也给它自身积累了厚重的历史和文化,内涵深邃而博大。它像一座圣殿,散发着神圣的智慧光芒。(档案馆提供)

2003年5月4日,正是SARS疫情最为严峻的时期,时任国务院总理温家宝来到清华大学图书馆看望正在坚持学习的广大师生。在西馆建筑的开架借阅区里,温家宝总理和学生们亲切地坐在一起,鼓励学生们克服对疫情的恐惧,努力学习,战胜困难。(新华社记者 高洁摄)

图书馆看书、学习。与以往不同的是,每天上午和下午各有一段时间,这里的人员比平时还要密集,这是因为宿舍每天两次的集中消毒,使得更多的学生来到图书馆学习。图书馆的压力骤然增大。这段不寻常的日子里,清华大学图书馆的工作人员,像他们的前辈一样在岗位上坚守,用他们并不健壮然而却是镇定自若的肩膀,在清华园里为广大学生撑起了一片安宁的天空。

SARS期间,工作人员戴着厚厚的口罩在坚持工作。

大阅览室里自习的学生虽然比过去略少,但从不缺少人气,这里一直都是学子们青睐的地方。

2003年8月,图书馆的决策者做出了一个决定,将图书馆一期建筑中的第一阅览室改建成为人文社科图书阅览室。设立这样一个阅览室的创意,就是希望在图书馆最古老的建筑中,营造出来这样一个阅览空间。这个阅览室选择了人文社科方面的经典著作和具有较高学术水平、反映最新学术研究成果的著作陈列,四周的壁橱里陈列了精装本《文渊阁四库全书》《四库全书存目丛书》《四库禁毁丛书》和《四库未收书丛刊》。为了给读者创造宽敞、明亮、通透性好的环境,全部书架都采用了四层的矮书架,使阅读者的视野更加开阔。在这里,读者不仅只是来阅读书籍,而且可以实实在在地感受到清华大学图书馆的浓厚的学术氛围,以及近百年的历史所形成的厚重的文化积淀。

信息技术的迅速发展给图书馆的读者服务工作带来了更多的新方向和新条件,清华大学图书馆不断地试验着这种基于网络环境下的新型读者服务方式。2003年,图书馆推出了网上在线咨询,设置了虚拟参

新设立的人文社科图书阅览室的创意,就是希望来这里阅读的学子们,能够在这个阅览室感受到一种文化的熏陶,一种历史的沧桑,而这种印记将会长远地留存在他们的记忆中。

考咨询系统平台，从此，图书馆解答读者咨询的方式除了当面咨询、电话咨询之外，还增加了网上的实时咨询。2004年，清华大学图书馆科技查新工作站获教育部批准认证，查新课题数量迅速上升；馆际互借系统平台建立，业务大幅攀升，2005年年申请量达到了历史最高的38 000余份。

2005年年底，图书馆引进了 Metalib & SFX 电子资源管理系统，这是一家以色列软件公司专为图书馆设计的电子资源管理软件。2006年年初，"清华大学学术资源信息门户"提供网上服务。这样的一个门户的功能，就是对读者可利用的馆藏电子资源进行整体性揭示，从而实现全部电子资源的管理、检索和服务的有机链接，使读者可以利用这个门户更加方便直观地查询图书馆的电子资源。2006年，图书馆还建立了多媒体资源的检索系统平台，实现了视频资源在校园网上的在线点播服务。

而传统型的读者服务也在悄然发生着变化，清华大学图书馆坚持不懈地向着方便读者的"一个出口"的管理模式努力，持续扩大印刷型文献开放服务的范围，延长开放时间。2005年，逸夫馆开闭架库区、阅览室等主要服务区域实现了从早8点至晚10点的不间断的连续开放，中外文图书年出借量在2001年突破100万册次后连年递增，到2005年达到了147万册次。2006年年初，逸夫馆外文图书闭架库开放。至此，三期建筑逸夫馆的全部图书文献基本实现开架借

清华大学学术资源信息门户主页，用户可以更加方便地查询图书馆的电子资源。

2006年、2008年图书馆读者服务宣传月活动场景。活动月期间,图书馆工作人员设计了丰富多彩的活动内容,加强了与读者的交流互动,宣传了图书馆和图书馆的服务,受到了广大师生的欢迎。

阅,逸夫馆真正实现了"一个出口"的管理模式。

图书馆重视与读者的互动,加强与读者的沟通与联系。2004年起,利用自主开发的系统平台和统计分析软件,开展了"服务工作读者满意度调查""电子资源使用情况读者满意度调查""印刷型资源使用情况读者满意度调查"等读者满意度调查活动。这些读者满意度调查活动获得了广大读者的热情参与,为图书馆提出了大量的意见和建议,推动着图书馆多个方面检讨发展的缺漏,纠正不足之处。

在此基础上,图书馆又开始策划大型的"主题宣传月"活动,并于2006年、2008年分别举办了"走近你身边的图书馆""沟通无极限,服务有新意"的主题图书馆宣传月活动。

2004年之后,许多来到清华大学图书馆访问的境外图书馆界的同行,在参观了清华大学图书馆的机房之后,对于一所高校图书馆居然会拥有这样规模的一个机房而感叹不已。图书馆为了保障网络信息资源的有效利用,已经建成了国内规模最大、设施先进、安全可靠的电子资源镜像基地,不仅为清华大学,而且为全国其他400多所高校提供电子资源镜像服务,稳定性和可靠性达到国际先进水平。在2005年,安装了防火墙,对网络实行实时防护。2006年,开发了远程登录访问系统和电子资源访问控制系统,解决了本校师生从校外访问图书馆电子资源的问题。到2006年,镜像基地已建有面向全国服务的镜像站点20个,服务器已超过了110台。

有这样一个场景在我们的脑海中浮现:若干年后

服务器排列成行的清华大学图书馆机房,其设备的数量和规模让前来参观的外国同行都感到震撼。

图书馆系统部在进行研讨活动,从当年的计算机组发展过来,这个部门仍然集中着图书馆年轻的技术骨干,依然保持着追踪国际前沿并不断创新的活力。

一个静谧的下午，图书馆一间古朴典雅的阅览室里，一位年轻的学生不经意间翻开一本书页已经泛黄的老书，发现书的扉页上粘贴着一张小纸片，纸片上面这样写道："此书于2005年某月某日由某人捐赠，特此致谢。"由此，他会默念着这位几十年前或几百年前捐书的前辈的名字，一种敬意油然而生。

上面这段文字，出自2005年校庆日图书馆推出的捐赠主题展览的前言。举办这样一个展览，是为了纪念在过去将近一个世纪的岁月里，那些面向清华大学图书馆的捐赠。这些捐赠，作为重要的、永远不可忘记的内容，支持着清华大学图书馆的建设和发展，丰富着图书馆的资源和收藏，昭示着一种热爱文化事业、造福子孙万代的精神。

图书馆文献捐赠接收工作得到广泛支持，机构和个人的文献捐赠数量大幅上升，年度接收赠书从千余册迅速增加至上万册，多时甚至达数万册。在学校领导和相关部门的帮助和支持下，利用机构和个人捐款设立了高英士图书基金、梁铼锯图书基金、周燕图书基金、龚家麟图书基金、中国建设银行图书基金，等等。这些捐助对于图书馆的资源建设和事业发展具有重要的作用。

2005年暑期，图书馆开始征集毕业生赠书，获得毕业生的积极响应，获赠图书除补充馆藏外，大部分转赠低年级学生或者其他地区图书馆。图书馆请每位赠书的毕业生在所赠图书的扉页上留言，并把这些令人感动的留言制作成书票，保留在书中，使一代一代的年轻学生从中受到教育。

2005年10月，86岁高龄的李俊清专程来到清华大学图书馆，来了却他的一桩六十多年的心愿——归还他1944年借走的清华大学图书馆的馆藏图书。李俊清1944年毕业于国立西南联合大学外文系，毕业前曾从图书馆借走英文书 LANGUAGE: ITS NATURE DEVELOPMENT AND ORIGIN，毕业之后他应征参军，不久即被派往第二次世界大战中的印度战场。抗战胜利之后的1946年，他又被任命为台湾空军军官学校英语教官。战火纷飞的年代，自然顾不上归还所借的图书，而战争结束后，台湾海峡已经成了一道不可逾越的屏障。

李俊清在清华大学教育基金会领导和图书馆负责人陪同下参观图书馆。

61年过去了,李俊清终于等来了这个机会——回到母校,亲手将1944年借走的、贴有"国立清华大学图书馆"馆藏标签的图书归还给图书馆。耄耋之年的老学长不远千里前来还书,给清华图书馆留下一段难忘的佳话,也体现了一位清华学子对于母校的挚爱。这份爱历经60多年的岁月沧桑,是那么的亲切和感人。

2000年,学校提出了建设"三级文献保障体系"的工作计划,并逐步推进,拟建设一个以总馆为主体,包括数个分馆以及一批院系资料室的三级文献保障系统,以充分利用来自学校各方面的资源与服务条件,为学校教学、科研和学科建设提供充足的文献及信息资源。由此,图书馆和相关院系合作,陆续建立了人文、经管、建筑、法律、美术、医学等专业分馆。图书馆总馆和专业分馆间逐渐推进文献资源的共建共享,所有专业分馆已实现馆藏资源书目数据纳入统一管理平台揭示。总馆和部分分馆、院系资料室建立起了资源采购协调机制,部分专业分馆面向全校开放了阅览服务和一定条件下的借阅服务。

清华大学图书馆六个专业分馆(建筑、法律、医学、美术、经管、人文)。

图书馆的培训教室呈爆满状态。每个学期开始,信息参考部都会推出一系列的培训讲座,帮助读者了解和学习使用图书馆的各种信息资源。

每年的新生培训都是图书馆的一项重点工作,包括编制新生手册、组织新生观看图书馆专门制作的使用指南音像资料,组织新生按班级成批参观图书馆。

自20世纪80年代中期开始,图书馆就设置了面向学生的文献检索课程。几十年发展下来,课程内容不断丰富和完善,开设各类本科生和研究生的必修课、选修课10余门,其中有介绍图书馆的"图书馆概论"课,有面向理工、人文等不同学科的"文献检索与利用"课,以及"信息管理与服务""科技古籍概论"等专业课程。结合资料来源、结构和检索方式的变化,任教馆员对教学内容和教学方式不断进行改革,教学质量不断提高,获得了学生们的肯定。

图书馆还根据读者需求的实际,开设了大量普及性的专题培训讲座,向读者介绍图书馆信息资源的利用知识。

2006年,图书馆的信息素养教育课题"突出信息素养，强化实践环节——本科信息资源检索课程体系的实践与探索"获得清华大学教学成果一等奖。

图书馆工作人员的队伍也在不断壮大和提升，到1990年代中期曾经达到160多人。此后，人员数量得到了适当控制，且更加关注了人员年龄、学历、知识背景结构的合理化。此时的图书馆工作人员已经多到合影时无法再集中在一张照片中了。

图书馆职工的文化生活丰富多彩。2000年，在清华大学举办了北京市高校图书馆第五届运动会，原先一直榜上无名的清华大学图书馆，经过运动员们的认

图书馆党员们在革命圣地延安留影。新中国成立之后，图书馆的党组织也不断发展壮大，1960年成立了直属党支部，1991年成立了党总支，2007年初，清华大学图书馆党委成立。多年来，图书馆党员队伍不断壮大，到2007年时图书馆的党员人数已经达到了近百人的规模。

运动会后图书馆运动员们合影。

图书馆一年一度的新春联欢会上充满欢声笑语。

真准备和团结拼搏,一举获得了团体总分第一名和精神文明一等奖的成绩,并且在2007年、2010年蝉联了团体总分第一名。

一件事,一群人;

一段经历,一项责任;

一种心情,一分收获。

这"六个一"是图书馆勤工助学的学生们总结出来的。2007年2月,图书馆成立了学生勤工助学分队,从承包维护一个书库开始了学生自主管理的实践。几年之后,学生勤工助学队伍由40多人扩大到了240余人,负责管理的范围从一个书库扩大为逸夫馆内全

图书馆勤工助学分队合影。这一群年轻人已经成为图书馆建设不可缺少的一支生力军,他们用自己青春的汗水和热情,和工作人员们一起为图书馆的建设贡献着力量。阿根廷著名诗人博尔赫斯的那句名言在一代代学生们当中传诵——"我常常在心中暗暗设想,天堂应该就是图书馆的模样。"

学生们设计具有特色的活动,如劳动技能大赛、新生上架体验、读书文明周,等等。

部开架库区共 13 个书库，总计近 80 万册中外文图书。勤工助学学生已经成为图书馆建设的一支重要力量，他们在这里工作，自主管理、自我服务、锻炼成长。他们这样形容自己在图书馆勤工助学的生活："以书为伴，亦劳亦学，日闻馨香，身心愉悦。"

2007 年，图书馆配合学校的教学评估工作，对西馆的部分服务环境进行了升级改造。改善了读者培训教室的设备，使之更适合较大规模及密度的读者信息素养教育；进行信息共享空间建设，完成了信息服务中心、多媒体阅览室的改造，设置了小组讨论间；完成了新馆大厅的环境改造。上述工作改善了图书馆的阅览和服务环境，使读者可以更加自由地享受图书馆的空间、服务和文化氛围。

2005 年，图书馆完成"211"工程二期项目验收。内容包括：引进和自建数字化资源数量显著增长，并取得了良好的使用效益；建成了先进的数字化加工基地；引进了新的电子资源整合管理系统，扩展整合资源的数量，实现了电子资源的管理、检索和服务的有机链接，使图书馆电子资源的管理和服务达到了国内领先水平。

2007 年 10 月，时任馆长薛芳渝向教育部教学评估专家组介绍图书馆工作，左 3 为时任校长顾秉林。右图为图书馆多媒体阅览室的视听区。

图书馆的多功能电子阅览室经过改造，成为更具时代特色的"信息共享空间"，透过玻璃幕墙可见大门两侧的家具设计成英文 Information Commons 的缩写 IC，使得这里更具有象征性意义。

2007年，图书馆"985"工程二期建设任务基本完成，在"985"工程一期建设现代化图书馆各项工作取得突破、迈上新台阶的基础上，二期建设进行了扎扎实实的工作，持续地推动图书馆的资源、服务、网络设施和基础环境等各方面功能不断提升和完善。清华大学图书馆的管理、服务和建设水平基本达到了一个现代化大学图书馆的标准。

我们是书香里的蜜蜂，

辛勤奔波在百花丛中，

采集精华献给大众，

让知识的阳光照亮每一位读者的心灵。

这首出自图书馆编目员黄伟七之手的"编目员之歌"，充满着对这份工作的热爱和自豪。"我一直有一种感觉，具有编目工作经历很光荣、很骄傲。因为这项工作赋予你一种眼光、一种思维、一种态度，使你能更全面地看待图书馆各方面工作之间的关系，更透彻地理解图书馆工作的精髓和真谛，更严谨细致地去安排和运作各项工作任务。"这是曾经做过编目工作的图书馆副馆长赵熊的心得体会。

自从开始引入计算机管理书目数据之后，清华大学图书馆于2002年基本完成了馆藏中外文图书的书目数据回溯，2007年完成了古籍目录检索系统并对外发布，2008年完成了中外文期刊和俄文图书的数据回溯。至

昔日全体图书馆馆员合影的大台阶，如今只能容纳下图书馆一个部门的工作人员了，此为2006年采编部工作人员的合影。

此,清华大学图书馆大规模的书目数据回溯工作宣告结束。电子资源、多媒体资源的信息检索和目录揭示工作逐步推进,自2003年起,逐步设立并完善了电子图书数据库和阅读系统。传统的图书馆编目工作正在向更加具有信息时代特点的信息整理和信息揭示转变。

2007年,电子资源建设经费超过印刷型资源建设经费,电子资源已成为清华大学图书馆最重要的资源形式。截至2008年年底,图书馆拥有使用权的数据库有432个,资源类型包括学术期刊、学位论文、文摘索引、电子图书、参考工具书和其他类型数据库,电子资源数量和利用率居于国内高校图书馆前列,与国外一流大学图书馆的水平相当。与此同时,印刷型资源建设也努力保持一定水平,年购书量维持在6万～8万册左右。截至2008年年底,图书馆馆藏总量达362万册/件,除中外文图书外,还包括中外文古籍、报纸期刊及其合订本、学位论文、缩微资料、音像资料、

光盘资料以及实物资料，等等。

2007年，图书馆开始把地方志和地方文献作为一种重要的特色资源，大力开展收集建设工作。该项工作是在学校领导的大力推动下开展的，很快便获得了福建、浙江、江苏、广东、北京、内蒙古等省、市、自治区政府领导和地方志办公室的热情支持，大批省、市、自治区的新编地方志纷纷捐赠过来。在此期间，又购进了一些古代方志和地方文书。经过三年多的努力，截至2011年年底，"清华大学图书馆地方志和地方文献特藏"已经蔚为大观，共获得了全国27个省、市、自治区地方志办公室的捐赠。地方志和地方文献特藏资源超过1万册/件。在新建的人文社科图书馆里专门辟出了空间，专用于收藏地方志和地方文献。

2007年9月29日，美国休斯敦大学退休教授周本初把他收藏的12箱"保钓"资料郑重地捐献给了清华大学图书馆，从此揭开了清华大学图书馆建设"保钓"资料特藏的篇章。在周本初、吴国祯、龚忠武等1970年代"保钓"运动参与者的大力支持和帮助下，图书馆很快便接收了近百人次、超过13 300件"保钓"资料捐赠。与此同时，进行了"保钓"口述历史访谈工作，采访"保钓"人士80余人次，采集视频资料超过150小时。清华大学图书馆已成为海内外"保钓"资料收集最全、收藏内容最为丰富的单位，获得了"老保钓"们的高度评价和"保钓"运动研究者的高度关注，产生了广泛的影响。2010年10月，"清华大学图书馆保钓资料收藏研究中心"成立。除了继续收集整理"保钓"运动的相关文献，进行针对"保钓"运动参加者的口述访谈之外，还建立了文献资料阅览室，为研究者提供服务，开展宣传及研究活动，把中心建设成为爱国主义教育的基地、联系海峡两岸的桥梁。

王国维、梁启超、陈寅恪、赵元任、顾毓琇、冯友兰、朱自清、闻一多、费孝通、钱锺书、季羡林、

2007年9月29日周本初捐赠"保钓"资料仪式后的合影。这位老者把他数十年的珍藏献给了清华大学图书馆。

整理后的"保钓"资料。

图书馆举办"保钓"运动及"保钓"资料的展览。

吴冠中……这一长串闪耀着光辉的学术大师的著作都集中在一个地方,这个地方叫"清华文库"。图书馆1987年设立的"清华文库",广泛收集曾经在清华大学学习、工作过的师生员工的著作、笔记、手稿、照片及实物资料等等,目前总量已经超过1万册。此后,又陆续建立了"院士文库"和"人文名师文库",进行专门性的收藏。许多校友不仅捐献出了自己的著作,而且把大量的个人藏书都捐赠给了图书馆,张光斗、吴阶平、龚育之、李学勤、许渊冲、戈革、谭浩强等人,捐赠的图书都达到了上千册。

罗伯特·科恩是美国波士顿大学的教授,世界知名的科学哲学家。2008年,这位已经87岁的老人做出了一个重要的决定——出于对中国的热爱,他要把

图书馆二期的一个小房间,布置成了清华名人专架,不起眼的小屋里面,琳琅满目地陈列着这么多大师的著作专架,让人油然而生深深的敬仰之情。

"清华文库"收藏了许多这样的"签名本",有杨绛先生题写的"清华大学图书馆惠存 钱锺书赠 杨绛代",有季羡林先生在病床上用颤抖的手写下的"母校图书馆季羡林"。

他个人毕生收藏的约 21 000 余册图书无偿捐赠给清华大学图书馆,这是迄今为止清华大学图书馆收到的最大的一笔私人图书捐赠。

2010 年校庆日,清华大学请来了这位老人、他的女儿及外孙,在老馆二层隆重举行了"科恩图书室"的揭牌仪式。老人和他的家人高兴地接受了人们的感谢和敬意。

此后,图书馆又陆续收到了著名记者爱泼斯坦藏书 6000 余册,日本东北大学服部文男教授及其学生捐赠的私人藏书 19 000 余册,分别在新建的人文社科图书馆设立了"爱泼斯坦文库"和"服部文库"。这些珍贵的大宗私人藏书极大地丰富了清华大学图书馆的馆藏内容，其中的部分书刊为国内高校图书馆中绝无仅有的。

2008年5月，经国务院批准，清华大学图书馆和其他51家单位一起被命名为第一批全国古籍重点保护单位。前后共计39种馆藏古籍被列入《全国珍贵古籍名录》。

经历百年的清华大学图书馆，究竟留下了哪些值得一提的馆藏珍宝？这些，如果仅用一两页的文字描述，显然是远远不够的。百年校庆来临之前，图书馆和美术学院合作编辑了一本名字叫《清华藏珍》的画册，收录了清华大学图书馆和清华大学美术图书馆所收藏的一百件珍贵的文物和典籍，作为图书馆所藏珍

坐在轮椅上的罗伯特·科恩和副校长谢维和一起为"科恩图书室"揭幕。

"科恩图书室"一角。

贵馆藏的一个简要的介绍。

一百年的历史，一百年的沧桑，一份珍贵的积淀，厚重而绵长。我们怀着一份虔诚，试着去拨开尘封日久的历史积淀，从遥远的过去，撷取来几件那个时代

时任校长陈吉宁（左1）陪同中国建设银行领导在书库参观。中国建设银行设立了图书基金，支持图书馆资源建设。

爱波斯坦赠书。　　　　　"服部文库"建立。

麦克法兰赠书仪式。

留下的旧物，翻捡出几页记载那段生活的篇章；我们怀着一份好奇，试着把我们的眼睛从当下移开，穿过那段长长的时空，让过去的一幕幕重新在我们的眼前闪耀出光芒。

上面这段话，是2009年校庆期间，图书馆举办的主题展览"图书馆记忆"的前言。当百年校庆的脚步在逐渐临近的时候，图书馆的人们也早早就做着迎接这个重要节日的计划。2009年校庆，图书馆推出了主题展览"图书馆记忆"，展出了反映图书馆历史的情景、人物和事迹的图片和实物。2010年校庆，图书馆

图书馆在校庆时展出馆藏文物珍品。

美术图书馆的小型博物馆。

又和档案馆联合推出了"清华名人手稿展览及捐赠仪式",展出了部分两馆收藏的清华名人手稿,并现场接收了部分校友和校友家属捐赠的手稿。

清华大学图书馆已经完全融入了国际图书馆行业发展的潮流之中,它不再是闭塞的、远远落后于世界的图书馆,也不再是刚刚打开窗户看世界的、好奇而又幼稚的图书馆。今天,在继续努力学习和追踪国际图书馆界前沿领域的动向的同时,它也在和境外的一流大学图书馆进行平等的对话和交流,互相学习,取长补短。现在,清华大学图书馆每年都要接待数百位来自境外的图书馆界同行前来访问交流,与港澳台地区及海外多家高校图书馆建立了友好关系,保持了经常性的业务和人员交流。2009年10月,清华大学图书馆与美国康奈尔大学图书馆签订学术交流与合作谅解备忘录,2010年,

2008年12月,图书馆举办了钱锺书诞辰100周年纪念展览。2009年校庆期间,举办了朱自清先生学行展。

2010年9月,在曹禺当年完成《雷雨》剧本的阅览桌旁,举行了纪念曹禺诞辰100周年座谈会。

斥资购入了康奈尔大学图书馆的部分馆藏资源，这些来自美国一流大学图书馆的资源使正在向世界一流大学目标奋斗的清华师生受益。

2010年11月，图书馆举办了主题为"悦读畅享，书香百年"的服务宣传月。

服务宣传月期间，举办了"图书馆，我想对你说"有奖征言活动，教师和学生的"读者之星"评选活动，教师顾问、学生顾问换届，图书馆新服务展示，人文社科图书馆介绍会，等等。

清华大学图书馆与康奈尔大学图书馆合作协议签字仪式。正在签字的是两个图书馆的馆长，旁边分别坐着的是两所大学的副校长。这两个大学图书馆称它们的关系是"姊妹图书馆"，保持了长期的友好合作关系。

2010年3月，日本东北大学图书馆访问团到访，清华大学图书馆与日本东北大学图书馆建立了密切的友好合作关系。

2010年3月29日，加拿大研究图书馆协会代表团来清华大学图书馆访问交流。

新一代的清华学子像他们的前辈一样,对图书馆怀有深厚的感情,甚至有的时候,他们的笔触比他们的前辈更加富有感情色彩。

图书馆的生活总是从排队开始的。队伍很整齐,每个人都默默地凝视着手中的书本,再不多话。这样的场景穿越被稀释的蓝黑墨水般的冬日清晨,穿越仿佛被奶油包裹着的夏日清晨,以及北京短得惊人的秋日和春日的清晨。那些生机勃勃的、争先恐后的年轻生命,吸收这片土地上的每一丝营养,仿佛要从自己的每一个毛孔生长出鲜嫩的枝叶,投射出属于自己的绿荫,变成这里最古老又常新的风景。④

偶尔去老馆上自习,在宽大的扶手椅上落座,在木质的桌子上将书本摊开,心就定下来。我爱那高高的屋

传奇一样的图书馆大阅览室,完成了照明系统改造,为新一代的年轻学子提供了更好的阅读环境。这里,依旧是学生们钟爱的地方。有人说,这个大阅览室有一个最好的学习"场",坐在这里,会让人的心灵安静,让人忘却学习之外的事情,能够全身心地投入学习之中。

④ 猫眼澜:《梦之森——关于图书馆》,《邺架巍巍——忆清华大学图书馆》,42页。

⑤ 蝶舞:《看得见风景的老馆》,《邺架巍巍——忆清华大学图书馆》,44页。

顶,开阔的视野,宽敞到令人心旷神怡的窗户,爱那贴着墙一溜锁住的书架,爱里面完全不知道是什么的、厚厚的、老老的书,看到它们的褐色的封皮和书籍上的烫金字,就觉得充满幸福。⑤

2009年图书馆成立了一个团队,设计推出了新版中英文主页,新版中英文主页集成了强大的立体整合检索功能,动感清新。中文主页日点击量超过100万次,英文主页实现了实用检索功能,为校内近3000名留学生提供及时有效的资源导引和检索服务。制作了馆藏地图,在清华书目查询系统中查询馆藏,得到的不再是简单的位置信息的文字描述,而是形象的物理馆藏所在的楼层架位图标注。

经过十几年的发展,图书馆的主页已经换过了许多版,在这一份工作中积累了许多的经验和体会。看得出来设计者的进步,那就是一版比一版更加成熟。

不同肤色,不同国籍的学生们在一起交流。如今,随着清华大学国际化的脚步,图书馆也日益成为更多国家的学生们所钟爱的地方。

图书馆积极利用新技术，实现适应信息服务环境变化的业务创新。推出了手机数字图书馆服务，在社交网络上创建图书馆俱乐部——清华大学图书馆书友会，通过微博的形式介绍图书馆的最新动态。综合运用多种技术和多源数据开发期刊导航系统，实现了期刊链接、期刊出版变更、期刊评价，期刊最新目次、封面、文章等信息的融合。利用 WIKI 词条、书封等信息提升检索体验。组织学生拍摄了第一部介绍图书馆的网络视频短剧——"爱上图书馆"。

2009 年，在即将迎来百年校庆之际，清华大学图书馆也迎来了其发展历史上的一个难得的建设机遇。在这一年，在凯风基金会的赞助和学校专项经费的支持下，建筑面积 2 万平方米的人文社科图书馆正式开工建设。

2011 年年初，新的人文社科图书馆在全校师生的期盼中完工。建筑共分 7 层，提供阅览座位约 1000 席，设计馆藏容量约 120 万册。图书馆发动全馆的力量，在新馆施工和保洁等工作尚未完成的情况下，同

人文社科图书馆设计师马里奥·博塔（左4）在工地现场了解情况，这是这位享誉世界的著名建筑大师在中国设计完成的第一座建筑。左3为图书馆时任馆长邓景康。

马里奥·博塔为清华大学人文社科图书馆手绘的设计草图。在这座图书馆的开馆典礼上,他把这幅草图赠给了清华大学图书馆。(马里奥·博塔提供)

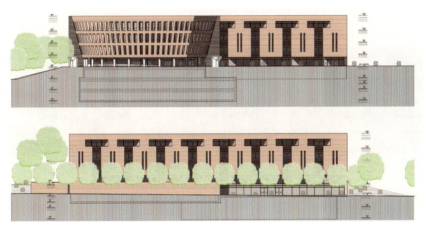

中国建筑科学研究院制作的人文社科图书馆的设计效果图。(万瑶提供)

时启动了新馆的家具、设备、资源的配置等项工作。经过两个多月的不懈努力,人文分馆年轻的建设团队与图书馆各部门、各方面积极配合、协同作战,完成了家具、设备的接收、安装,新购和配套图书资源的搬迁、上架,网络、电源、显示屏等各类配套设施的布置、调试等方方面面的工作,人文社科新馆胜利完成了前期建设任务,于百年校庆之际隆重开馆,向广大师生提供服务。

人文社科图书馆按照清华老校歌歌词给部分房间进行了命名,如日新大厅、大同厅、格物会议室、致知会议室、探微会议室,等等。通过这样的方式,让清华文化在这座最新的图书馆建筑中落地生根。

2011年4月24日，清华大学迎来了百年校庆。在欢庆学校百年华诞的喜庆日子里，这座崭新的建筑——人文社科图书馆成为师生们关注的焦点。人文社科图书馆于4月19日开始试行，4月21日举行了落成仪式，4月23日举行了开馆典礼。隆重的开馆典礼上邀请到了来自国内外近百所图书馆的馆长或负责人，大家共同见证了这一历史时刻。

图书馆作为学校文化传承的重要阵地，校庆期间

正在施工中的文科馆建设工地。

图书馆负责人团队在新馆建设工地上。

凯风人文社科图书馆封顶。

开展了一系列的相关活动,包括人文社科图书馆的落成典礼和开馆典礼,图书馆北馆的奠基仪式等。图书馆在校庆期间接收了各式各样的捐赠,举行了一系列的捐赠仪式,包括"文科馆""方志馆"的建成和揭牌,任继愈、冯钟芸藏书捐赠,"服部文库"建立,保定市政府赠送"易水砚",等等。图书馆还举办了一系列的展览,包括馆藏文物珍品展览、"百年树人"书画作品展览、中国少数民族文字文献展览、居里实验室

图书馆党员群众义务劳动搬运图书。

人文社科图书馆阅览区。

新馆书架上琳琅满目的图书。

盛大而隆重的人文社科图书馆开馆典礼后，这里很快成为师生们热爱的地方。

两位为清华大学图书馆建筑做出卓越贡献的建筑大师——中国的关肇邺和瑞士的马里奥·博塔在人文社科图书馆开馆典礼上见面叙谈。照相机留下了这个值得纪念的瞬间。

展览以及部分校友的个人作品展览，等等。

校庆期间在文科馆"大同厅"举办了图书馆发展论坛。美国康奈尔大学图书馆馆长 Anne Kenney、英国牛津大学图书馆馆长 Sarah Thomas、日本东北大学图书馆馆长野家启一、中国科学院图书馆馆长张晓林等做了学术报告。

校庆期间的图书馆分外迷人。据不完全统计，在校庆前后不到一周的时间里，大约有3万多校友和各界人士来到图书馆，参加各种活动，参观图书馆馆舍和各种展览。

图书馆在学校的支持下，利用百年校庆的契机开展了全方位的捐赠征集活动，收效显著。图为校庆期间举办的赠书活动现场。

　　图书馆老馆深厚的文化底蕴吸引着读者。校庆期间，图书馆老馆里设立了清华特藏展览、"保钓"资料展览、清华老论文展览，等等。而更为吸引人的则是老馆大库开放日，这一活动吸引了数千参观者。许多人参观后意犹未尽，纷纷留言谈到他们的感受。

　　——你老得好迷人！虽在你百岁生日时来到这里，但可以想象得到你原来的样子，很美。

　　——老馆里有独特的味道，越来越浓。我们喜欢并且珍惜。

　　——母校图书馆的气氛令我着迷，安静的环境，

"图书馆论坛"会议现场。

泛黄的书页，使我不禁想起在园子里待过的前辈。清华永远在我心中。

——走进老馆，立刻被一股浓郁的气息所包围，那是一种古老的馨香，感觉很唯美！

——第一次有机会来到大库，被古老精致的一个个书架迷住了，仿佛一百年的历史与文化，都沉淀在了这里。

——古香古色，百年韵味！在老馆自习多年的我，在即将毕业离校的前夕，心中滋味竟全是眷恋不舍……

2012年，清华大学图书馆即将迎来百年馆庆。在百年诞辰来临之际，图书馆特藏部发起了"迎百年馆庆院士名师题词征集活动"，迄今为止，该项活动已经

白发苍苍的老校友给图书馆老馆的"清华校友赠书展览"题词。

校庆期间，逸夫馆和文科馆门前聚集着众多的参观者。

收到了数十位院士发来的题词赠言。这些来自院士和学术大师们的题词，寄托了他们对清华大学图书馆的殷切的期待和诚挚的祝福。

　　83年以前，我首次进入清华图书馆。今天仍记得庄严肃穆的气氛给了7岁的我极大的震撼。最近为了物理学史的工作，发现图书馆有许多相对论与量子力学早期的期刊，非常高兴……谨祝清华大学图书馆在下一个百年中发展成为全国最重要的一座图书馆。

　　上面的文字，是诺贝尔物理学奖获得者杨振宁为图书馆百年馆庆的题词，蕴涵了这位年已九旬的、在清华园里长大的科学大师与清华图书馆八十多年的深厚感情。

老馆开放日里来参观的小朋友，或许在他幼小的心灵里，已经埋下了一颗希望的种子。

老馆大库开放日活动吸引了大批参观者，他们在这里感受清华图书馆厚重的文化积淀。

杨振宁参观清华大学图书馆古籍书库，著名历史学家李学勤在为他介绍图书馆所收藏的商周甲骨、青铜器等文物。

  一个世纪的历史承载了太多内容，在这座庄严而又典雅的建筑中曾经进出过许许多多的人，发生过许许多多的故事。这些人与图书馆之间的故事留在一个又一个人的心中，通过一个又一个人传递着。故事各不相同，各人的感受也不尽相同，但是这些故事传递出的一定是一个与读书、学习、求知有关的信息，里面蕴涵着的一定有理想、智慧和对未来的憧憬。

  也是在这一年，设计建筑面积为1.5万平方米的图书馆四期建筑——图书馆北馆建筑——经费也已落实，赞助者为印尼侨商李文正先生。北馆建筑的设计师仍为西馆建筑设计者关肇邺院士。此前，凭着对图书馆建筑的热爱，他已经将相关的设计方案修改完善了多次。而北馆建设计划也经过数次反复终于落实。

  在这样短的时间里，两座这么大规模的馆舍能够投入建设，这在清华大学图书馆的发展史上前所未有。

  六月到了，校园里高大的白杨树叶子由浅绿变成了墨绿，逐渐变得闷热的天气传递出了一个信息——夏天到了。是啊，夏天到了，毕业的日子也到了。夏

图书馆四期建筑室内效果图。（关肇邺绘，关肇邺工作室提供）

图书馆相关负责人与设计团队讨论修改完善设计方案。

2011年校庆，捐赠者和学校领导、相关部门负责人一起为图书馆北馆奠基。

天里的校园，空气里除了有潮湿闷热的感觉，还带着那么一种淡淡的伤感气氛。那是离别的伤感。

将要毕业的学生们来到图书馆留影，希望把他们的值得纪念的日子和这座建筑一起定格，留存在他们

图书馆北楼外观效果图。（关肇邺绘，关肇邺工作室提供）

跨越新世纪

一群年轻人穿着三十年代的流行服装在图书馆二期建筑门前留影,或许他们想通过这种方式,体会和这座建筑同时代的前辈们的感受吧。

影集里。过去的日子里,在这里曾经留下过他们的印记;未来的日子里,他们将会不时地翻看这些照片,回忆起他们在图书馆里度过的那些日子,回忆起这座陪伴他们度过了学习生活的图书馆。学生们对母校的热爱不是抽象的,而是凝聚在这些对母校的美好的回忆中。

学校就是这样,在暑热的、惜别的七月送走一届毕业生,又会在秋风送爽的九月迎来又一批新的学生。秋天来到了,新的学期开始了,新的一批学生又进校了,又是一群更加年轻稚气的面孔,好奇地探究着校园里的一切。

几个穿着学位服的女孩子在图书馆三期建筑大厅里手牵着手留影。(范爱红提供)

很快，这批新的学生们也会像他们的学兄学姐们一样，逐渐地熟悉了校园里的生活，逐渐地认识和了解图书馆，过起"泡图书馆"的生活。对于他们来说，更加幸运的是，有一个崭新的人文社科新馆在等待着为他们提供更加舒适、便捷、现代化的服务。

跨越了新世纪、新千年的清华大学图书馆，从一个崭新的起点开始了它的新发展。在清华大学迎来百年华诞之际，也迎来了清华图书馆历史上的第四座建筑——人文社科图书馆诞生，同时，第五座建筑——图书馆北馆奠基，正在筹备建造之中。这两座建筑建成后，清华大学图书馆总馆的面积将要达到63 000平方米，再加上几个专业分馆，整个清华大学图书馆系统的总面积将会超过70 000平方米。它将会为清华大

全面开放、功能先进、环境优越的人文社科图书馆。

学图书馆下一个阶段的发展创造良好的条件。

　　站在新的起点上的清华大学图书馆，虽然已过百年诞辰的清华大学图书馆，仍旧如同一个温和的智者，日复一日地、默默地注视着在这里进进出出的那些求知的人们，看着他们从这里得到收获，仍旧会为不计其数的求知的学子开启知识的大门，为他们奉献着无尽的宝藏。

　　百年清华大学图书馆，它的精神和文化在一代又一代的清华图书馆人身上，在一代又一代的清华学子身上代代相传，生生不息。

晚间的人文社科图书馆灯火通明，与京城的万家灯火交相辉映。这座知识殿堂的外形被赋予了一个特殊的含义——像一把开启知识宝库的钥匙。现在，这把闪亮的钥匙正在清华园里散发着绚丽的光芒。

图书馆二期建筑、三期建筑、人文社科图书馆门前等待着入馆的队伍。这样的早晨，这样的队伍，形成了清华园里的一道道亮丽的风景。从1912年图书馆初建，到2012年图书馆迎来百年诞辰，恍然间，一个世纪过去了，图书馆门前的队伍依旧。每天队伍的长短不同，排队的人也不尽相同，相同的是这支队伍所体现出来的一种精神。一代又一代的清华学子，用这样的一种方式，书写着清华大学图书馆的历史，传承着清华大学的精神和文化。

参考文献

[1] 清华大学校史研究室:《清华大学一百年》,北京,清华大学出版社,2011年。

[2]《百年清华图书馆》编写委员会:《百年清华图书馆》,北京,清华大学出版社,2012年。

[3] 方惠坚、张思敬主编:《清华大学志》,北京,清华大学出版社,2001年。

[4] 历年《清华大学图书馆年鉴》。

[5] 历期《清华大学图书馆信息简报》。

大事记

1911年　清华学堂开学后,在教务内设置了图书馆经理员,负责管理学堂的公有图书。

1912年　清华学堂改名为清华学校。学校正式建立了图书室,称清华学校图书室。

1913年　黄光任清华学校图书室第一任主任。

1914年夏　校图书室从庶务处分出,由学校领导。图书室藏有中西文图书2000余册,并开始准予将书借出。

1914年初　戴志骞担任清华学校图书室第二任主任至1917年暑假,此后戴志骞赴美国学习进修期间,图书馆主任一职分别由袁同礼(1917年暑假至1919年暑假)、吴汉章(1923年暑假至1925年暑假)代理。1925年暑假戴志骞回国后,复任图书馆主任直至1928年。

1916年　校图书馆开工建设,于1919年建成。新馆面积2 114.44平方米,费银17.5万元,可同时容纳读者240人,书库可藏书15万册。

1916年　清华学校图书室改为清华学校图书馆。

1919年秋　图书馆在戴志骞领导下,开始设立部门机构。

1920年起　清华学校图书馆开始独立预算。

1926年11月　中国共产党清华学校第一个地下支部在三院成立,图书馆职员王达成担任第一任支部书记。

1928年　国立清华大学正式成立,图书馆改称国立清华大学图书馆。

1928年暑　洪有丰任国立清华大学图书馆主任。

1929年　在罗家伦校长的联系下,图书馆购买杭州藏书家杨氏丰华堂藏书。

1930年3月　在罗家伦校长的主持下,杨廷宝设计,天津基泰公司绘图,协顺木厂承办,图书馆进行了第二次扩建。

1931年暑　沈学植任国立清华大学图书馆主任。

1931年11月　图书馆二期扩建工程竣工。

1932年暑　王文山任国立清华大学图书馆主任。

1934年10月　洪有丰任国立清华大学图书馆主任。

1935年9月11日　校长办公处通告：聘朱自清任图书馆委员会主席兼代图书馆主任职务。

1936年9月　钱稻孙任国立清华大学图书馆主任。

1937年暑假　"卢沟桥事变"爆发，图书馆随学校南迁。

1937年9月16日　北大、清华、南开联合组成国立长沙临时大学。长沙临时大学与迁至长沙的北平图书馆合作，组成了长沙临时大学图书馆。

1937年10月3日起　日军开始进入清华园劫夺学校物资，学校被改建为陆军伤兵医院，图书馆内所藏书籍被劫掠一空。

1937年10月至1938年1月　袁同礼任长沙临时大学图书馆馆长。

1938年4月　长沙临时大学更名国立西南联合大学，大学本部设在昆明，分部设在蒙自。图书馆也定名为国立西南联合大学图书馆，亦分设于昆明、蒙自两地。

1938年4月至1938年12月　袁同礼任国立西南联大图书馆主任。

1938年7月29日　严文郁任西南联大图书馆主任。

1939年夏　西南联大图书馆建成。

1940年7月　日军飞机轰炸重庆北碚，清华图书馆的古籍图书被焚毁，经学校组织人力抢救，仅获得烬余书2300余册，10 000多册馆藏的珍贵古籍图书付之一炬。

1943年2月　董明道任国立西南联大图书馆主任。

1946年5月4日　联大全校师生在新校舍图书馆举行结业典礼。

1946年10月　清华大学在北平复校，图书馆各阅览室陆续恢复开放。复校后，潘光旦任图书馆主任。

1947年春　清华校庆，日据时期遗失的图书，已大半收回。

1948年4月13日　校务会议议决：通过美术史研究委员会请拨图书馆书库北之楼梯间，设立文物陈列室。由陈梦家主持采购一批文物，后存放清华大学图书馆。

1948年12月15日　清华大学解放。此后国立清华大学图书馆改称清华大学图书馆。在学校行政体系中，图书馆隶属于教务处。

1949年4月下旬　清华大学校务委员会改组，自1949年5月起，图书馆改馆长制，直接隶属于校委会，与教务处、秘书处同级。

1949年5月4日　接北平市军管会文管会通知，潘光旦为图书馆馆长。

1952年10月　全国院系调整。图书馆开始增购大批工科书籍。

1952年10月　李辑祥任图书馆馆长。

1953年初　清华大学调拨给东北大学（今吉林工业大学）文史类线装书16 788册。自院系调整至1958年，学校共向外校调拨图书18万余册。

1953年9月　金涛任图书馆馆长。

1956年2月23日　校委会议决：图书馆将原有6个股改成3个科：总务采购科、编目科、阅览科。

1956年8月25日　校委会与党委常委会联席会议和9月1日校委会决定，任命陈士骅为图书馆馆长（兼），设采购科、阅览科、参考科。

1959年　图书馆参加了全国中、俄、西文专业书刊联合目录的编制工作，以及《大型图书馆图书分类法草案》的拟制、审查、修订等工作。

1961年4月7日　校委会会议任命史国衡为图书馆馆长。

1966年　图书馆馆藏发展到135万余册。

1966—1970年　"文化大革命"开始，图书馆暂停正常开放，各项工作受到严重影响。

1970年夏　图书馆重新开放服务。

1970年　学校将中央主楼五层划拨给图书馆使用，成为图书馆的分馆，位于主楼的无线电系、电机系、自动化系、动能系等单位的资料室划归图书馆。

1971年起　对图书馆建筑进行全面的整理和修缮，恢复了老馆三层大库，对三个大阅览室的地面进行了整修。

1973年5月　日本自民党访华代表团向清华大学赠送日文图书10 000册。

1976至1977年度　图书馆的中文图书开始按《中国图书馆分类法》进行分类编目。

1978年　图书馆成立了计算机应用研究组，在国产DJS-130小型计算机上研制成功的QBRS多用户联机书目检索系统于1983年4月起正式开放服务，成为我国图书馆界首先投入实际应用的计算机书目辅助检索系统。

1982年　图书馆开始开设"文献检索与利用"课程，1984年成立"文献检索与利用"课程教研组。

1986年3月6日　校长工作会议任命顾廉楚为图书馆馆长。

1986年　图书馆DIALOG国际联机检索终端开通，开展面向校内外的联机情报检索服务。

1987年　设立"清华大学文库"特藏，专门收集和保存本校教职工和校友的著作。

1987年5月5日　本校外国教材中心图书室正式对校内外教师开放。

1988年底　图书馆第三期工程（西馆）正式开工，1991年秋竣工。馆内设有普通书库和密集书库，共可容图书200多万册。

1990年　根据全国文献资源调查工作的部署，图书馆对馆藏文献作了比较全面仔细的调查评估，馆藏总量为234万册（件）。

1991年1月29日　校务会议任命朱文浩为图书馆馆长。

1991年9月　图书馆西馆（逸夫馆）落成。

1991年　学校党委决定，成立中国共产党清华大学图书馆总支委员会，侯竹筠任总支书记。

1991年　图书馆学术委员会成立。

1992年11月　图书馆馆藏目录公共检索系统和中文科技书流通系统开始使用。同月，直属教委的高等学校科技咨询及成果查新工作站成立。

1993年　成立"科学技术史暨古文献研究所"。

1993年底　在全国图书馆中首先试验开通光盘数据库网，实现校园网上的光盘数据库检索。建成音像阅览室。

1994年9月23日　举行"逸夫馆"（图书馆西馆）命名典礼。

1995年　清华大学图书馆在国内率先建立了图书馆主页，受到广泛关注，一年后访问量即突破百万。

1995年9月　校务会议任命刘桂林为图书馆馆长。

1996年　图书馆购进美国INNOVATIVE公司的图书馆集成管理软件INNOPAC，是国内图书馆行业引进的第一个先进的图书馆集成管理软件系统。

1996年8月　国际图书馆协会和机构联合会（IFLA）第62届大会在北

京召开。会议期间，举行了清华大学 OCLC 服务中心成立仪式，清华大学图书馆与美国联机图书馆信息中心 OCLC 开始了长期合作。

1997 年 6 月　图书馆主要借阅服务区实行从早 8 点至晚 10 点连续开放，每周开放时间 84 小时。

1998 年　图书馆在国内率先实行了学科馆员——图情教授制度。

1998 年 4 月　图书馆在国内率先建立 Ei Compendex 镜像服务器，并通过网络向国内用户提供检索服务。

1999 年　中央工艺美术学院并入清华大学，中央工艺美术学院图书馆随之更名为清华大学美术图书馆。

1999 年年底　经学校党委批准，图书馆党总支换届，高瑄任图书馆党总支书记。

2000 年 4 月　"中国科技史数字图书馆"建设项目开始启动，成立"清华大学数字图书馆研究所"。

2002 年　校务会议任命薛芳渝为图书馆馆长。

2002 年 6 月　图书馆布设了无线局域网，覆盖馆内全部公共区域。

2003 年春　在抗击"非典"疫情期间，工作人员坚守岗位，保证了图书馆正常开放。

9 月　由台湾贤志文教基金会赞助的"贤志资源数字化中心"成立。

2005 年 10 月　清华大学美术图书馆迁入清华园校区，面向全校师生提供阅览服务。

2005 年　图书馆顺利通过"211"工程二期项目验收。

2006 年　INNOPAC 系统各功能模块基本完成向 Millennium 版本的升级，启用了具有集中管理能力的海量信息存储系统。

2006 年 9 月　位于昌平校区的远程书库启用，约计 30 万册呆滞书刊陆续转运至远程书库，一定程度上缓解了图书馆馆舍空间紧张的状况。

10 月　举办首届图书馆宣传推展月，后每两年举办一届，改为图书馆服务宣传月。

2006 年　李文达医学与生命科学图书馆建成。

2007 年 1 月 5 日　经学校党委研究决定，成立中共清华大学图书馆委员会，高瑄任书记。撤销图书馆直属党总支建制。

2007年2月　图书馆学生勤工助学分队成立。

2009年8月　由瑞士著名设计师马里奥·博塔设计，凯风公益基金会捐助，建筑面积2万平方米的人文社科图书馆动工兴建，2011年4月落成。

2009年12月31日　校务会议任命邓景康为图书馆馆长。

2010年10月　成立"清华大学图书馆保钓资料收藏研究中心"，开展资料收集、口述访谈和读者服务。

2011年4月23日　举行清华大学凯风人文社科图书馆开馆典礼。

2012年3月　图书馆制作的"爱上图书馆"视频及排架游戏获第10届国际图书馆联合会（IFLA）国际营销一等奖。

2012年11月2日　举行"图书馆建馆100周年庆典"。

2013年2月25日　清华大学图书馆第7个专业图书馆——金融图书馆开馆。

2013年7月　学校党委任命蒋耘中为图书馆党委书记。

2014年　图书馆荣获"全民阅读示范基地"称号。

2016年4月22日　图书馆北馆（李文正馆）落成典礼举行，10月24日举行开馆典礼。

2017年10月5日　新一代图书馆管理服务系统ALMA上线。

2018年9月6日　校务会议任命王有强为图书馆馆长。

2019年3月12日　清华大学知识产权信息服务中心正式入选首批高校国家知识产权信息服务中心。

2019年5月29日　清华大学胡宝星法律图书馆于新址开馆试运行。

2019年10月12日，音乐图书馆建成并正式运行。

2020年春　新冠肺炎疫情暴发。按照中央的统一部署，图书馆积极投入抗击疫情的战斗当中。按照学校提出的"延期开学、如期开课"的要求，及时调整资源访问方式，增加电子教参的供给，在开学前完成了电子资源校外访问的准备工作，保证了学校线上教学的顺利进行。

索 引

A

爱泼斯坦　184，186

B

八大类分类法　40
搬迁　50～51，140～141，193
"保钓"（保卫钓鱼岛）　123，182～183，197
北碚（重庆）　50，55，57，64
北馆　195，200，201，203
北京大学图书馆　15，74
北平图书馆　28，53，54，61，65，75，76
毕树棠　52，67，75，76，90
毕业生赠书　174
毕正宣　52，73
闭架　19，128，129，170
编目　24～25，32，40，58，67，77，86，90，105，118，132，180～181
玻璃书库　78
博物馆　187

C

CALIS　162
才盛巷　57

采购（采访、采录）　30～32，54，58，77，79，81，90，98，102，105，115，136，162，175
参考书　25～26，29，32，44，60～63，68，78，81，83，86，135
参考咨询　26
曹群英　112
曹禺　41～42，188
曹云祥　31
曾昭奋　109
查新　147，170
陈岱孙　56，73～75
陈福田　72～73
陈吉宁　186
陈梦家　81
陈士骅　102
陈毅　89～90
陈垣　80
陈竹隐　105
长沙临时大学　28，53～56

D

DJS—130 计算机　131～132
Dowell Co.　37
大普吉镇　58～59，64，66，70
大书库　43，78，120，121

大西门 60

大学部 28

代理主任（代主任） 28，45～46

戴震 80

戴志骞 8～11，16，24～25，28，32，47

党支部 83，96，177

地方志 181～182

邓叔存 72～73

邓尉梅 44～45

第二阅览室 40，78

第三阅览室 40，78，101

第四阅览室 40，78

第一阅览室 40，78，94，169

电子资源 155～156，161～163，167，170～172，179，181

奠基 137，190，195，201

调拨 95，111

丁宝桢 90～91

董明道 70

董树屏 55

杜威十分法 40

E

"211"工程 150～151，156，166～167，179

二期建筑 23，34～36，38，41，47，91～94，100，103～104，108，139，144，164，202，205

F

方志馆 181，195，197

费孝通 41，182

分馆 55，65，118～120，175，193，203

焚余古籍 50，64

丰华堂 33，67

冯景兰 58

冯新德 44

冯友兰 70，182

冯钟璞 93

冯钟芸 195，197

服部文库 184，186，195

服部文男 184

G

岗头村 65

高士其 109

耿捷忱 96

工学院 55，60，64，94，98

古籍 33，45，50，57，64，74，79～80，91，95～96，121，165，176，180～181，185，200

顾颉刚 80

关肇邺 138～139，196，200～201

馆藏章（印鉴、印章） 15，32，56

馆际互借（借阅） 102，108，155，170

馆庆 198～199

馆长制 88

光盘数据库 147，161

郭梦武 96

郭秀云 99

国际图书馆联合会（IFLA） 152～153

国际文化资料供应委员会 65

国立西南联合大学（西南联大、联大） 28，49，51，53～59，60～66，70，72，76～79，83，86，108，174

国学研究院（国学院） 29～31

过伟 86

H

汉口　50，55，57

何汝楫　73

洪有丰（洪范五）　32，38～40，45，47

胡邦定　63

胡适　80

华罗庚　41

黄光　9～11

I

INNOPAC　151，154，156

J

"985"工程　130，133，135，160，166～167，180

机房　146，172

集成管理系统　151，156～157

集学会　85～86

计算机组　132，172

季羡林　41，44，182，184

冀朝鼎　92，109

佳本书籍室　25

甲骨　81～82，95，200

建筑图书馆　175

荐购（推荐购买）　29～31，47

蒋梦麟　53

蒋南翔　95～96，104

教师顾问　189

教授会　15

教务处　10，57，88

教育部　53，72，77，96，137，162，170，179

教育工作者工会　92

金涛　97～98

金天羽　79

京师女子师范学堂　118～119

经费　10，16，22，29，32，53，60，89，115，150～151，160，162，167，181，192，200

经管图书馆　175

捐赠　60，79，90，121，130，137，150，173，181～184，186，188，195，197，201

K

开放日　197，199

开馆典礼　193～196

开架　40，54，129，133，138，141，143，149，168，170，179

康奈尔大学　98，135，188～189，196

考古系　81

科恩（罗伯特·科恩）　183～185

科恩图书室　184～185

科技典籍　147～148

科技史　64，96～97，147～148，164

科学技术史暨古文献研究所（科技史暨古文献研究所，科古所）　64，147～148

L

老馆（旧馆）　20，35，40，109，134，138～141，149，164，184，190～191，197～199

雷从敏　83

李大钊　15

李德全　109

李辑祥　97

李俊清　174～175

李文正　200

李学勤　183，200

联机检索　132

梁洁华　166

梁启超　30，182

梁思成　27，97，163～164

林徽因　163～164

林语堂　62

刘半农　79～80

刘桂生　134

刘剑青　96

刘仙洲　96～97

流动书车　104～105

留美预备部　9

龙头村　64

卢木斋　79

鲁迅中学　119

吕叔湘　92

罗家伦　33～34

M

Metalib & SFX　170

马衡　80

马里奥·博塔　192～193，196

马文珍　52，66

麦克法兰　186

梅贻琦　53，67～68，70

美国国会图书馆　28，156

美术图书馆　119，175，185，187

蒙自　55

墨菲（亨利·墨菲）　17～18

目录检索系统　131，180

目录卡片　53，77，127，129，140

目录学　28

N

NIT 国际会议　165～166

南开大学　42，53，61，70

南迁　50，52～53，57

牛津大学　60，196

诺贝尔文学奖　166

O

OCLC　153～154

OCLC 服务中心　154

OPAC　147

P

潘光旦　58，70，79，84，88～90，92

培训讲座（培训）　156，176，179

彭桓武　41，44

浦江清　31

浦薛凤　58

Q

QBRS 系统　131

迁移委员会　76

签名本　184

钱三强　41

钱玄同　80

钱锺书　41，43，184，188

勤工助学　140，178～179

青铜器　81～82，95，200

清华办事处图书部　57

清华大学文库（清华文库）　42，183～184

清华图书部　56～59，66，79

清华学报　11

清华学校图书馆　8，10～11，15～16，18，24～26，28，31～32

全国工程文献中心　162

R

人文社科图书馆（文科馆） 148，159，175，182，184，189，192～198，203～205

人文社科图书阅览室 169

任继愈 195，197

《日军铁蹄下的清华园》 67～68，73～75

S

SCI 咨询 155

三期建筑 1，27，103，125，135，137～146，150，154，157，161，165，167，170，202，205

善本 33，52，57，96

邵逸夫 137，139

申泮文 77

沈琨 110

沈学植 47

圣经书院 54

施滉 91～92

施嘉炀 70，97

施廷镛（施凤笙） 45

石驸马大街 118

史国衡 108，130，133

市川幸雄 68，69

树华电子智源中心 155～156

庶务处 9～10，16，31

数字化中心 164

数字图书馆 163～165，167，192

四大建筑 20

四合一工作法 104

四期建筑 200～201

送书下厂 119

T

谭浩强 104，183

唐贯方 55，57～58，69，90

陶孟和 79

特藏 182，197～198

图情教授 155

图书购置委员会 29

图书馆委员会 38～39，45，54

图书馆自动化 146，148

图书经理员 8

图书迁运委员会 70

图书委员会 29，92

W

外国教材 135～136

王达成 81，83

王国维 29，31，182

王俊鹏 63

王力 31

王文山 37，47

王志诚 84～85

韦杰三 103

文物 81～82，95～96，119，185，187，195，200

文献传递 155

文献检索课 156，176

闻一多 31，84，182

吴晗 90

吴宓 29～30

吴有训 30～31

吴征镒 66

X

下厂小分队 117～118

小坂善太郎 122
校产保管委员会 52，73
校务会议 72
校务委员会 88，90，92
新文化街 118～119
新竹清华大学图书馆 150
信息素养 176，179
修缮 120～121
徐萱龄 96
徐永瑛 92
徐璋 76
叙永（四川） 65
宣传月 171，189
学科馆员 155
学生顾问 189
学生助理 24，91～92
学术资源信息门户 170

Y

严德富 93
杨绛 41，43，184
杨廷宝 35
杨武之 58
杨振宁 199～200
耶鲁大学 9，17
叶企孙 30～31，70，90
一期建筑 7，16～18，21～22，24，27，35，131，165，169
"一二·一"图书室 84
医学图书馆 175
逸夫馆 118，121，150，170～171，178，198

营造学社 163～164
余岱东 52
预算 24～25，29，32，34
裕和企业公司 76
袁复礼 31
袁枢 91
袁同礼 11，15，28，47，54
院系调整 94～98，102，111
云南农校 55

Z

赠书 78～80，121～122，130，165，173～174，186，197～198
张伯苓 53
张奚若 90
张子高 52，72，73，75，90，97
章炳麟（章太炎） 80
赵灌民 96
郑善夫 58，111
郑秀 42
中国科学院图书馆 196
中央工艺美术学院图书馆 119
周本初 182～183
周炳琳 70
周培源 90，92
周诒春 16
朱莽 83
朱自清 31，45～47，50，105，182，188
主页 155，162～164，170，191
资中筠 93
总馆 55，60，175，203

后　记

2009年10月，为了庆祝清华大学建校一百周年，图书馆馆务会讨论决定成立一个编写工作组，撰写一本关于清华大学图书馆历史的书。工作组由时任副馆长赵熊负责，组织了几位图书馆的年轻同事，开始分建筑、人物、事件等几个专题搜集资料，并进行了一些文字的整理和编撰。2010年秋，赵熊因为筹备新建的人文社科图书馆工作繁忙，提议并经馆务会讨论同意，由高瑄接任编写工作组组长，继续进行该书的编撰工作。经过反复讨论，决定此书采用图文并茂的形式，选取一些图书馆的手稿档案、文献、照片等历史资料，通过与图书馆有关的建筑、环境、读者、馆员、事件和时代变迁等角度，揭示和反映百年清华图书馆的风格和文化内涵，书名确定为《百年清华图书馆》。该书由图书馆百年校庆工作组向学校百年校庆出版工作领导小组申报，并被批准列入了学校的百年校庆图书出版计划之中。

此后，虽然编写工作在持续地进行，但由于时间太紧，无法赶在2011年4月24日的清华大学百年校庆之前完稿，无奈决定推迟到校庆之后。经过参编人员的共同努力，本书终于得以在2012年10月月底，在清华大学图书馆百年馆庆庆典活动之前出版了，我们感到高兴和欣慰。

本书参编者均为清华大学图书馆的在职工作人员，我们对这本书倾注了感情和心血。我们知道自己的能力，没有奢望能够通过这本书，把清华大学图书馆积淀了一百年的文化内涵全面系统地归纳总结出来，我们只是想通过一个个我们从历史文件查阅出来的，或是我们了解到、访谈到的事例，从一个个侧面，对清华图书馆深厚的文化内涵有一点点揭示，希望能够带给读者一些共鸣、一些启发、一些理解和感动。现在这本书即将出版发行，我们的愿望是否能够实现，就等待着读者朋友们来评价了。

这本书凝结了编写组各位老师的心血和努力，除了赵熊和高瑄作为组长，先后负责本书的编撰工作之外，何玉对本书中的历史资料、历史图片收集，特别是第二、三、四、五部分内容的撰写做了重要贡献；孟新民负责书中的图片提供，未标明提供者的大部分照片来自于他多年来为图书馆拍摄的照片库，其余部分照片则来自于图书馆的馆藏资料及办公室的照片档案；胡冉负责了书中新中国成立之后部分的资料、图片的收集，特别是对第五、六、七部分内容有重要贡献。编写组的其他同事也在文字编撰、口述访谈、文献资料、照片资料及相关信息提供等方面做了许多的工作，每位参加者都以认认真真、兢兢业业的态度对本书做出了贡献。

感谢杨天民、冯白云、万锦堃、侯竹筠、顾鋆文、朱文浩、唐绍贞、陈杰渝、曹习科、承欢、刘春美、王琦频等馆内同事，以及庄丽君、白永毅、金富军、顾良飞、金国藩、唐绍明、谢立军、张克澄等老师和朋友们的帮助，为本书提供了个人收藏的珍贵照片或者相关信息，对本书的编写和出版提供了支持和帮助。

感谢清华大学美术学院郭青、韩旭为本书做了设计，美术图书馆武元子为本书题写了书名。

本书初稿完成之后，曾经召开了征求意见座谈会，请了部分图书馆的老领导和对图书馆历史比较熟悉的老同志参加，很多老同志提出了宝贵的意见和建议。在编写过程中，也曾多次就书中的某些部分内容征求过一些馆内同事的意见。在此一并表示感谢。

感谢清华大学百年校庆工作委员会、百年校庆出版工作组的支持，使得本书能够列入学校百年校庆出版计划，并在推迟出版的情况下仍旧得到出版支持。感谢清华大学档案馆、清华大学校史馆为本书的出版所提供的支持。感谢清华大学出版社领导和本书的责任编辑周菁对本书出版工作的大力支持和帮助。

《百年清华图书馆》的成功出版，离不开大家的支持和帮助，百年清华图书馆编写委员会在此表示我们衷心的谢意。

《百年清华图书馆》编写委员会

2012 年 10 月

再版后记

2011年，在清华大学图书馆建立100周年之际，我们编写了这本《百年清华图书馆》，概要地回顾了清华大学图书馆100年的发展历程。这是清华图书馆的第一本历史记录。

时光荏苒，转眼九年过去了。这九年是我们共和国历史上值得浓墨重彩大书特书的九年。在这九年里，我们的国家在以习近平同志为核心的党中央坚强领导下，战胜各种艰难险阻，如期实现了全面建成小康社会的宏伟目标，开启了全面建设社会主义现代化国家的新征程。这九年也是清华大学历史上具有里程碑意义的九年。在这九年里，在国家的大力支持下，学校的世界一流大学建设稳步推进，全面、高质量完成"双一流"建设任务，办学质量、社会影响力和国际声誉持续提升，全面建成为世界一流大学，正在向世界一流大学的前列迈进。

伴随着国家的腾飞和学校的成长，清华大学图书馆在这九年中也取得了巨大的发展。

这九年是图书馆馆舍面积增加最快的九年。继2011年人文图书馆建成并投入使用之后，2013年2月，金融图书馆建成开馆；2016年10月，由印尼华商李文正先生捐资兴建的建筑面积15 000平方米的图书馆四期——北馆（李文正馆）建成开馆；2019年5月，由香港知名资深律师胡宝星先生捐资建设、建筑面积1万平方米的法律图书馆建成开馆。至此，图书馆的馆舍总面积达到8.1万平方米，阅览座位约4800余席。此外，建筑面积16 000平方米的昌平远程书库也于2020年开工建设，预计2022年建成并投入使用。这些新建的馆舍大大改善了图书馆的阅览和藏书条件，给读者使用图书馆提供了更多的便利。

在这九年里，图书馆的资源建设也有了较快的发展。学校加大了对图书资源建设的投入力度，资源建设经费几乎翻了一番，实体馆藏由2011年420

万册（件）增加到2019年的540万册（件），数据库由2011年的500个增加到2019年的743个，电子期刊由2011年的65 080种增加到2019年的169 882种，电子书由2011年的247万种增加到2019年的954万种，电子资源的总量在国内高校中居首位。尤其值得一提的是，在努力增加资源总量的同时，我们特别加强了特色资源的建设，"马恩"文献、"保钓"资料、地方文书、联合国裁军资料、地方志等特色馆藏为研究者提供了丰富的第一手资料。我们还于2019年建成音乐图书馆（阅览室），成为学校开展艺术教育和赏鉴的重要基地。

在这九年里，我们充分利用现代信息技术为图书馆赋能，综合信息服务和利用再上新台阶。2016年，清华学者库上线，经过三年多的努力，基本实现了院系和教师的全覆盖，为全校教师提供了权威而准确的学术信息服务。2017年10月，新一代图书馆管理服务系统ALMA上线，建立起适应全媒体资源环境的采编流业务流程和业务规范，使图书馆信息资源管理与服务支撑水平再上新台阶。我们紧跟现代信息技术发展的步伐，改进和拓展图书馆服务的新途径，自助服务、远程访问、预约服务为读者提供了崭新的阅读体验，读者足不出户就可以流畅地使用图书馆的海量资源。在2020年初突如其来的新冠肺炎疫情面前，学校提出延期开学、如期开课的要求，图书馆依靠长期的技术储备，及时调整资源访问方式，增加电子教参的供给，在开学前完成了电子资源校外访问的准备工作，保证了学校线上教学的顺利进行。我们还依托海量数字化信息资源开展情报分析服务，建成首批高校全国知识产权信息服务中心。

在我们即将迎来中国共产党建党100周年和清华大学建校110周年的时刻，清华大学图书馆正以崭新的面貌出现在世人面前。在我们的国家开启全面建设社会主义现代化国家新的历史征程和清华大学加快建设、努力迈向世界一流大学前列的时刻，我们深感肩上担子的沉重。图书馆要继续为学校的教学和科研提供全生命周期的高质量服务，建设与学校的世界一流大学地位相匹配、与师生教学和科研需求相契合的世界杰出大学图书馆。清华图书馆人初心不改，使命依旧。

为庆祝清华大学建校110周年，学校组织编写"清华时间简史系列"丛书。由于我们埋头建设，还无暇静下心来去回顾和梳理这九年来图书馆建设和发展的历史，而且，历史是需要离开一段距离来观察才能看清它的全貌的，因此，我们更愿意在适当的时候，静下心来，组织力量认真地进行回顾和总结。九年前编写的这本书，比较好地展现了清华图书馆100年发展的历史，在做了必要的文字订正之后，我们将它再版，作为我们向学校建校110周年的献礼。本书再版增加了从1912年建馆到2020年的大事记，增加了内容索引，以方便读者的阅读。

我们愿与读者一道共铸清华大学图书馆美好的明天，为我们国家的现代化建设事业，为清华大学进入世界一流大学前列贡献我们的力量。

《清华时间简史：图书馆》编写委员会
2020年12月